汽车逻辑电路分析与检测

主　编　张　静
副主编　刘向斌
参　编　王伟丽　张连月

东北师范大学出版社
长　春

图书在版编目（CIP）数据

汽车逻辑电路分析与检测 / 张静主编. —长春：
东北师范大学出版社，2023.11
ISBN 978 - 7 - 5771 - 0768 - 4

Ⅰ.①汽… Ⅱ.①张… Ⅲ.①汽车－逻辑电路－电路
分析－职业教育－教材 ②汽车－电气设备－检测－职业教
育－教材 Ⅳ.①U463.6 ②U472.41

中国国家版本馆CIP数据核字（2023）第254335号

□责任编辑：万英瑞　　□封面设计：东师鼎业
□责任校对：王　娜　　□责任印制：许　冰

东北师范大学出版社出版发行
长春净月经济开发区金宝街118号（邮政编码：130117）
电话：010－82893125
传真：010－82896571
网址：http：//www.nenup.com
东北师范大学音像出版社制版
长春市新颖印业有限责任公司印装
长春市清和街23号（邮政编码：130061）
2023年11月第1版　2023年11月第1次印刷
幅面尺寸：185 mm×260 mm　印张：9　字数：188千
定价：36.00元

前 言

党的二十大报告中对发展职业教育的重要性和紧迫性进行了明确表述。在报告中，提出了发展职业教育的战略重要性，强调了职业教育在培养技能人才、促进经济社会发展、推动产业升级等方面的作用。同时，报告中还提出了三教协同和三融的观念，这种系统化的观念和政策导向有助于促进各类教育资源的整合和优化配置，更好地满足社会对各类人才的需求。通过加强职业教育的改革和发展，可以提升国家整体教育水平，促进人才培养体系的完善，推动经济结构优化升级，实现经济可持续发展和社会稳定繁荣。

为了响应高速发展的汽车产业对素质高，专业技术全面，技能熟练的大国工匠，高技能人才的迫切需求，本书以学生为中心，以职业能力为本位，让学生在教师的指导下完成整个工作任务，训练专业技能，从而促进学生自主学习能力的提升。

本书的编写以"创新职业教育理念、改革教育教学模式、提升学生职业素质、适应经济社会发展"为指导思想。作者将总结的历年汽车维修技能竞赛相关技术文件，以及通过大量的验证性试验总结出竞赛车型的结构特点和控制流程融入本书逻辑分析中。将大赛资源进行碎片化、模块化改造，将大赛中涉及的单独的知识点和技能设计成课程创新综合实践，打破了常规课程安排。以职业院校大赛为引领，将只局限于参赛学生、受益面较窄的状态，向"大众化"延伸，真正实现以赛促教、以赛促学的目的。

编写侧重实际动手操作及逻辑分析。以企业需求进行任务设置，既能满足学生的理论学习需要，又能满足实操过程中逻辑思维的训练需要。充分利用教学资源，同时参考企业一线维修技术编写实用任务。学习知识由简到难，能力要求由单一到综合，使学生在学习知识与技能中真正做到循序渐进、扎实有效。

本书的主要内容包括：汽车进入许可控制逻辑与故障检修，汽车上电许可控制逻辑与故障检修，汽车启动许可控制逻辑与故障检修，照明与信号系统控制逻辑与故障检修，电动车窗系统控制逻辑与故障检修共五个项目。

本书由内蒙古交通职业技术学院张静担任主编，刘向斌担任副主编，王伟丽及企业技术经理张连月参编。

由于编者水平有限，书中难免有不妥之处，敬请读者批评指正。

编者

目　录

项目一　汽车进入许可控制逻辑与故障检修 ·· 1
　　任务 1　汽车进入许可控制逻辑与检修 ·· 2
　　任务 2　迈腾 B7 汽车进入许可控制逻辑与检修 ·· 9
　　任务 3　迈腾 B8 汽车进入许可控制逻辑与检修 ·· 24

项目二　汽车上电许可控制逻辑与故障检修 ·· 55
　　任务 1　汽车上电许可控制逻辑与检修 ·· 56
　　任务 2　迈腾 B7 汽车上电许可控制逻辑与检修 ·· 58
　　任务 3　迈腾 B8 汽车上电许可控制逻辑与检修 ·· 61

项目三　汽车启动许可控制逻辑与故障检修 ·· 67
　　任务 1　汽车启动许可控制逻辑与检修 ·· 68
　　任务 2　迈腾 B7 汽车启动许可控制逻辑与检修 ·· 70
　　任务 3　迈腾 B8 汽车启动许可控制逻辑与检修 ·· 72

项目四　照明与信号系统控制逻辑与故障检修 ·· 77
　　任务 1　照明与信号系统控制逻辑与检修 ··· 78
　　任务 2　迈腾 B7 照明与信号系统控制逻辑与检修 ······································ 81

项目五　电动车窗系统控制逻辑及故障检修 ·· 119
　　任务 1　迈腾 B7 电动车窗升降系统控制逻辑与检修 ································· 120
　　任务 2　迈腾 B8 电动车窗升降系统控制逻辑与检修 ································· 128

参考文献 ··· 137

项目一　汽车进入许可控制逻辑与故障检修

学习目标

▶ 知识目标

1. 掌握迈腾 B7 进入许可控制逻辑与检修。
2. 掌握迈腾 B8 进入许可控制逻辑与检修。

▶ 技能目标

1. 通过对迈腾 B7 进入许可控制逻辑的掌握，能检修相关故障。
2. 通过对迈腾 B8 进入许可控制逻辑的掌握，能检修相关故障。

工作任务

任务 1　汽车进入许可控制逻辑与检修。
任务 2　迈腾 B7 汽车进入许可控制逻辑与检修。
任务 3　迈腾 B8 汽车进入许可控制逻辑与检修。

任务1　汽车进入许可控制逻辑与检修

本次任务的学习重点为汽车进入许可控制逻辑的概念认知、元件功能分析介绍及控制逻辑的学习和理解，需掌握汽车进入许可控制逻辑，掌握大众汽车电路图的识读方法、检测设备的规范使用及相关使用注意事项。

知识准备

一、汽车进入许可概念认知

为防止有人非法进入车辆及车辆被非法搬运等情况，人们根据车辆设定的控制逻辑，设置了车辆开锁和闭锁时自身防盗功能系统。这里我们用车辆的进入许可命名。车辆进入许可开锁和闭锁方式一般分为三种，分别是机械钥匙开锁和闭锁方式、遥控钥匙开锁和闭锁方式、无钥匙开锁和闭锁方式。

1. 机械钥匙开锁和闭锁

在1990年就发明了车辆机械锁装置。随着技术的进步、功能的迭代，以及各系统功能等的保护，整个车辆开锁和闭锁系统变得更加复杂，最后演变成一把机械钥匙来管理车辆上所有的机械锁，包括车门锁、尾门锁、油箱盖锁、引擎盖锁等。

在车辆进入许可控制逻辑电路中，机械钥匙开锁虽能正常进入车辆和启动车辆（带有一键启动的车辆无法用机械钥匙启动车辆，只能通过机械钥匙进入车辆后，使用车辆备用钥匙识读线圈识读钥匙防盗芯片信息，启动启动许可控制逻辑，完成钥匙防盗芯片信息的验证，进而启动车辆），但无法通过进入许可控制逻辑完成对钥匙防盗芯片信息的验证，所以在车辆进入许可控制逻辑电路中，机械钥匙开锁进入车辆与破窗进入车辆在性质上是一样的，都属于非法进入车辆，车辆外部防盗系统无法解除，车辆防盗报警器会发出警报，只有进入启动许可验证完钥匙防盗信息，车辆启动后，才会解除车辆外部防盗系统，车辆防盗警报器才会解除警报。

2. 遥控钥匙开锁和闭锁

随着技术更新，遥控钥匙被发明。遥控钥匙利用其内部的无线信号接收器和信号发射器与车辆的防盗控制单元等设备进行无线通信，验证钥匙芯片的防盗信息，解除车辆防盗系统，实现车辆的开锁和闭锁功能及其他重要功能。

3. 无钥匙开锁和闭锁

随着功能的迭代、不同的身份认证系统的集成及无线安全技术的迭代，功能性和系统复杂性稳步增加，无钥匙开锁和闭锁功能逐渐普及。无钥匙开锁和闭锁功能是通过驾驶人员在距离车辆约 1.5 米范围内,操作门把手传感器触发无钥匙进入许可控制逻辑,将信号传递相应的控制单元后,经一系列的信号传递和请求询问及遥控钥匙身份验证,完成车辆的开锁闭锁等功能。

二、进入许可系统元件功能分析

1. 汽车钥匙

传统的机械钥匙只能实现基本的车门开锁和闭锁的开关功能。随着时代的发展、技术的进步,发明了带有遥控功能的钥匙,可以轻按遥控器按钮实现车门的开闭功能,但汽车发动还需一把机械钥匙来操作,两把钥匙共同使用,缺一不可,有些烦琐。为简化其操作功能,后将机械钥匙和遥控器二者功能合二为一,将其所有功能涵盖,即将机械钥匙内嵌在遥控钥匙中。现代的汽车,大部分在主动按键的基础上,增加了被动工作方式,无须按键就可以实现全车门的开锁和闭锁功能。

(1) 机械钥匙

在车外时,机械钥匙可以顺时针和逆时针旋转开锁和闭锁车门及尾门。

在车内时,将机械钥匙插入锁孔旋转可实现其相应功能。LOCK 挡位被称为锁止挡位,此位置是钥匙插入和拔出的位置,此时车辆除了防盗系统和车内小灯以外,电路完全关闭,方向盘被锁止。ACC 挡位称为通电挡位,将钥匙拧到此位置时,附件电路接通,收音机等设备可用。ON 挡位称为接通挡位,将钥匙拧到此位置时,全车电路接通,系统会为启动发动机做必要的准备工作和自检工作,保证车辆正常行驶。车辆正常行驶时钥匙会保持在这个位置。START 挡位称为启动挡位,将钥匙拧到此位置时,启动机电路接通,会带动发动机运转并启动,持续几秒松手后钥匙会自动回到 ON 挡位。

(2) 遥控钥匙

以迈腾 B7 车型为例,在车外时,可以按遥控钥匙的开锁键和闭锁键开启和关闭车门,也可以通过无钥匙进入方式开启和关闭车门。

在车内时,将遥控钥匙推入点火开关口,钥匙推入的位置有四个,第一个位置是将遥控钥匙刚插入的位置,称为初始位置,此位置是钥匙插入和拔出的位置,此时车辆除了防盗系统和车内小灯以外,电路完全关闭,方向盘被锁止。第二个位置是将遥控钥匙推一个挡位的位置,即 ACC 位置,附件电路接通,收音机等设备可用,方向盘解锁。第三个位置是继续推一个挡位,即 ON 位置,接通挡位,全车电路接通,系统会为启动发动机做必要的准备工作和自检工作,车辆正常行驶时钥匙会保持在这个位置。第四个位置是将遥控钥匙继续推至下一位置,此位置不能主动停留,即 START 位置,启动挡位,当其他启动条件满足时,启动机电路接通,会带动发动机运转并启动车辆,持续几秒松手后钥匙会自动回到 ON 位置。

若为一键启动车辆,驾驶员进入车内,按一下一键启动开关,方向盘解锁,全车电路接通,系统会为启动发动机做必要的准备工作和自检工作。再按一下一键启动开关，其他启动条件满足时，启动机电路接通，会带动发动机运转并启动车辆。

①汽车遥控钥匙主要由发射器和接收器两部分组成

发射器：由发射开关、发射天线、按键板、集成电路等组成。内含识别代码存储回路和调幅调制回路，并在电路板背面装有锂电池。发射频率按使用国的无线电标准进行选择，发射开关每按一次按钮进行一次信号发送。

接收器：由发射器通过短波调制发出识别代码后，通过汽车的短波天线接收，然后通过分配器的短波高频增幅处理器将识别码解调到接收器的电子控制中心，并将其与解调器已写入的识别代码进行比较，如果是正确的代码，就输入控制电路并控制执行器工作。

②汽车遥控钥匙的工作方式主要有三种

主动工作方式：工作原理简单来说是按下遥控钥匙上的按钮，钥匙发出高频信号至防盗控制单元，防盗控制单元对接收的信号进行身份验证，若验证通过后，控制执行器按指令工作。

线圈感应工作方式：主要用于钥匙没电时车辆能正常发动等情况。在开锁的过程中，我们需要使用机械钥匙进行开锁，但此时车辆并未解除防盗，进入车辆后，可以将钥匙贴近钥匙芯片识读线圈，来对钥匙直接进行验证，通过车身的射频收发器验证钥匙是否匹配解除防盗并决定是否发动车辆。

被动工作方式：当驾驶员进入钥匙系统的感应区域内，只要手触及车门把手或者门把手按钮时，相应控制单元会控制车辆指定室外天线发出低频信号寻找钥匙信号，驾驶员携带的身份识别钥匙就会接收到汽车发送的低频信号，如果这个信号与钥匙中保存的身份识别信息一致，钥匙将被唤醒，钥匙指示灯闪烁。钥匙被唤醒后，将分析驾驶员向汽车发出的是开锁指令，还是闭锁指令，并发送相应高频信号，汽车接收到信号后会和汽车内部已保存的信息进行比较，如果验证通过，控制门锁执行器动作。驾驶员进入车内后，只需要简单地按一下一键启动键（首先需要检测钥匙设备是否在车内），然后完成一系列认证过程后汽车会上电，满足启动条件后启动车辆，汽车发动机随即启动。驾驶员离开汽车时，只需按一下门把手闭锁按钮，汽车在真正锁定之前，同样要检测驾驶员的位置，并经过钥匙验证逻辑。验证通过后，执行机构完成指令动作。

2. 开关

驾驶员侧锁芯中的接触开关：安装在门锁锁芯的内端。其作用是探测是否有用机械钥匙开锁和闭锁车门的要求，并将此要求告诉中央门锁控制单元，从而控制执行机构动作。

车门接触开关：也叫门控灯开关、车门微动开关，安装在汽车车门的门框上。其作用是探测车门的开、闭状态，并将车门状态信号送给中央门锁控制单元。当车门开启时，此开关接通，反之断开。因车门开关连接的是各车门的控制单元，当拉开或关闭车门时，车门接触开关断开或闭合，使电路断开和闭合，各车门控制单元会通过电路的断开或闭合检测到信号电压的改变,并将信息传递至通信线上,仪表控制单元读取到此信息后,在中控屏上显示当前各车门的状态。

3. 门锁控制器

门锁控制器是为门锁执行机构提供锁止/开启脉冲电流的控制装置。无论何种门锁执行机构都是通过改变执行机构通电电流方向控制连杆左右移动,实现门锁的锁止和开启的。门锁控制器的种类很多,按其控制原理大致可分为晶体管式、电容式和车速感应式 3 种门锁控制器。

晶体管式:晶体管式门锁控制器内部有 2 个继电器,一个管锁门,一个管开门。继电器由晶体管开关电路控制,利用电容器的充放电过程,控制脉冲电流持续时间,使执行机构完成锁门和开门动作。

电容式:该门锁控制器利用了电容器充放电的特性。平时电容器充足电,工作时把它接入控制电路,使电容器放电,使继电器通电而短时吸合,电容器完全放电后,通过继电器的电流中断而使其触点断开,门锁系统完成动作。

车速感应式:装有一个车速为 10 km/h 到 15 km/h(依车型而定)的感应开关,当车速大于限定值时,若车门未上锁,驾驶员无须手动操作,门锁控制器自动将门上锁。

4. 执行机构

中控门锁执行机构按照驾驶员的指令,将门锁锁止或开启。门锁执行机构有电磁式、直流电动机式和永磁电动机式 3 种驱动方式。其结构都是通过改变极性转换其运动方向而执行锁门或开门动作的。

电磁式:它内设 2 个线圈,分别用来开启、锁闭门锁。门锁集中操作按钮平时处于中间位置。当给锁门线圈通正向电流时,衔铁带动连杆左移,门被锁住;当给开门线圈通反向电流时,衔铁带动连杆右移,门被打开。

直流电动机式:它是通过直流电动机转动并经传动装置(传动装置有螺杆传动、齿条传动和直齿轮传动)将动力传给门锁锁扣,使门锁锁扣进行开启或锁止。由于直流电动机能双向转动,所以,可以通过电动机的正反转实现门锁的锁止或开启。这种执行机构与电磁式执行机构相比,耗电量较小。

永磁电动机式:永磁电动机多是指永磁同步电动机。它的作用与前两种基本相同,结构差异较大。转子带有凸齿,凸齿与定子磁极径向间隙小而磁通量大。定子上带有轴向均布的多个电磁极,而每个电磁线圈按径向布置。定子周布铁芯,每个铁芯上绕有线圈,当电流通过某一相位的线圈时,该线圈的铁芯产生吸力吸动转子上的凸齿对准定子线圈的磁极,转子将转动到最小的磁通处。要使转子继续转动一个步进角,应根据需要的转动方向向下一个相位的定子线圈输入一脉冲电流,转子即可转动。

三、机械钥匙进入许可系统逻辑电路分析

现在我们所接触的车型中,机械钥匙进入系统通常的工作场景是当汽车遥控器电池没电时,遥控器无法发出高频信号传输钥匙防盗信息,无钥匙进入功能也随之失效。此时,只能使用机械钥匙进入车辆,通过机械钥匙,触发门锁总成上的车门锁止开关,并触发车门锁止开关信号电路,将开锁或闭锁信号送至车身控制单元,由控制单元分析解读开锁或闭锁信号,控制全车车门门锁总成执行器电路,从而实现机械钥匙打开车门或锁止车门。

但在汽车逻辑电路中,机械钥匙进入系统并不能解除汽车防盗状态,此时车辆虽然已经利用机械钥匙进入系统打开或锁止车门,但尚未解除车辆防盗状态,因为车辆防盗控制单元无法通过机械钥匙进入系统匹配钥匙防盗信息。因此,对于汽车防盗系统本身控制逻辑而言,机械钥匙进入系统属于非法应急进入系统。利用机械钥匙进入系统打开车门时,车辆会处于防盗系统激活状态,会触发汽车防盗报警系统,警报器会报警,闪光灯会闪烁。

此时,应迅速打开车门,将没电的遥控器放在汽车驾驶舱内部钥匙应急感应区内,然后打开点火开关,使车辆处于全车用电设备正常上电状态,车辆进入及启动许可的应急防盗验证模式,若车辆防盗识读线圈在钥匙应急感应区可以识读到钥匙芯片防盗信息,并通过防盗控制单元认证,完成车辆防盗信息匹配,防盗系统处于解除状态,警报器不再报警,闪光灯停止闪烁。

因此,在机械钥匙进入许可逻辑电路及启动许可逻辑电路中,两条电路的逻辑优先级是启动许可逻辑电路优先级高于机械钥匙进入许可逻辑电路优先级。

四、遥控钥匙进入许可系统逻辑电路分析

汽车逻辑电路中,遥控钥匙进入许可控制逻辑属于防盗系统正常工作控制逻辑。当按压遥控钥匙解锁按钮时,遥控钥匙发射高频信号,发射有效距离为50~150 m,发射频率为150 MHz,该高频信号内部发射的信息为钥匙芯片防盗信息和解锁指令信息,该信号由汽车防盗天线模块接收,并转化成数据信息传送给防盗控制单元,防盗控制单元匹配验证钥匙信息后,若合法,则由防盗控制模块下达解除防盗指令,车身控制单元接收到该指令后,会控制转向灯闪烁,门锁电机工作,打开车门,同时熄灭防盗系统激活指示灯,此时车辆处于防盗系统解除状态。

当按压遥控钥匙闭锁按钮时,遥控钥匙发射高频信号,发射有效距离为50~150 m,发射频率为150 MHz,该高频信号内部发射的信息为钥匙芯片防盗信息和闭锁指令信息,该信号由汽车防盗天线模块接收,并转化成数据信息传送给防盗控制单元,防盗控制单元匹配验证钥匙信息后,若合法,车身控制单元接收到该指令后,会控制转向灯闪烁,门锁电机工作,锁止车门,同时点亮防盗系统激活指示灯,此时车辆处于防盗系统激活状态。

防盗系统激活后,防盗报警系统工作,若此时车身控制单元监测到车门由锁止状态变为打开状态,则防盗报警器工作,闪光灯闪烁,实现防盗报警功能;同时,车辆上安装有振动传感器,当由于某种声音或某种破坏使得车辆振动传感器监测到某种声波震动时,也会触发防盗警报系统,此时防盗警报器工作,闪光灯闪烁,实现汽车防盗功能。

同时,随着汽车控制逻辑电路的发展,越来越多的人性化功能开始在汽车上应用。若驾驶员在关闭点火开关下车后,发现车窗或天窗没有关闭,驾驶员可长按压遥控器闭锁按钮,此时,遥控器会发射高频信号,该信号传递的信息持续时间较长,车辆防盗控制单元接收到该高频信号后进行验证,若钥匙信息合法验证通过,则下达全车防盗系统激活指令,车身控制单元收到该指令后,控制门锁电机,锁止车门;同时,防盗控制单元还会分析该高频信号持续的时间,若超过 3 s,则触发一键升车窗功能,此时,防盗控制单元下达一键升车窗指令及关闭天窗指令,车身控制单元收到该指令后,控制车窗升降电机及天窗电机,关闭车辆的车窗和天窗。

五、无钥匙进入许可系统逻辑电路分析

汽车逻辑电路中,无钥匙进入许可控制逻辑属于防盗系统正常工作控制逻辑。当驾驶员携带遥控钥匙,操作车门外把手按钮开锁时,门把手传感器通过线路将驾驶员意图传递给进入及启动许可控制系统,此时进入及启动许可控制单元一方面唤醒舒适 CAN 总线,将驾驶员意图信息经数据转换,发送至舒适 CAN 总线上,另一方面进入及启动许可控制单元控制所连接的室外天线,发射低频找钥匙信号,遥控钥匙接收到低频信号后,指示灯闪烁,并对接收到的低频信号进行编译,发射高频信号,发射有效距离为 50~150 m,发射频率为 150 MHz,该高频信号内部发射的信息为钥匙芯片防盗信息,该信号由汽车防盗天线模块接收。并转化成数据信息传送给防盗控制单元,防盗控制单元匹配验证钥匙信息后,若合法,则执行舒适 CAN 总线上读取的驾驶员意图信息,由防盗控制模块下达解除防盗指令,车身控制单元接收到该指令后,会控制转向灯闪烁,门锁电机工作,打开车门,同时熄灭防盗系统激活指示灯,此时车辆处于防盗系统解除状态。

操作车门外把手按钮闭锁时,门把手传感器通过线路将驾驶员意图传递给进入及启动许可控制系统,此时进入及启动许可控制单元一方面唤醒舒适 CAN 总线,将驾驶员意图信息经数据转换,发送至舒适 CAN 总线上,另一方面进入及启动许可控制单元控制所连接的室外天线,发射低频找钥匙信号,遥控钥匙接收到次低频信号后,遥控钥匙指示灯闪烁,遥控钥匙对接收到的低频信号进行编译,发射高频信号,发射有效距离为 50~150 m,发射频率为 150 MHz。该高频信号内部发射的信息为钥匙芯片防盗信息,该信号由汽车防盗天线模块接收,并转化成数据信息传送给防盗控制单元,防盗控制单元匹配验证钥匙信息后,若合法,则执行舒适 CAN 总线上读取的驾驶员意图信息,车身控制单元接收到该指令后,会控制转向灯闪烁,

门锁电机工作，锁止车门，同时点亮防盗系统激活指示灯，此时车辆处于防盗系统激活状态。

防盗系统激活后，防盗报警系统工作，若此时车身控制单元监测到车门由锁止状态变为打开状态，则防盗报警器工作，闪光灯闪烁，实现防盗报警功能；同时，车辆上安装有振动传感器，当由于某种声音或某种破坏使得车辆振动传感器监测到某种声波震动时，也会触发防盗警报系统，此时防盗警报器工作，闪光灯闪烁，实现汽车防盗功能。

任务 2　迈腾 B7 汽车进入许可控制逻辑与检修

该任务主要学习迈腾 B7 汽车进入许可控制逻辑，并根据故障现象进行故障排除。在对迈腾 B7 汽车进入许可控制逻辑的学习过程中，需结合迈腾 B7 实训车辆、万用表、示波器、交互软件、电路图等设备对迈腾 B7 汽车进入许可控制逻辑进行深入学习及故障排除。

知识准备

迈腾 B7 汽车进入许可控制逻辑

1. 迈腾 B7 汽车机械钥匙进入许可控制逻辑分析

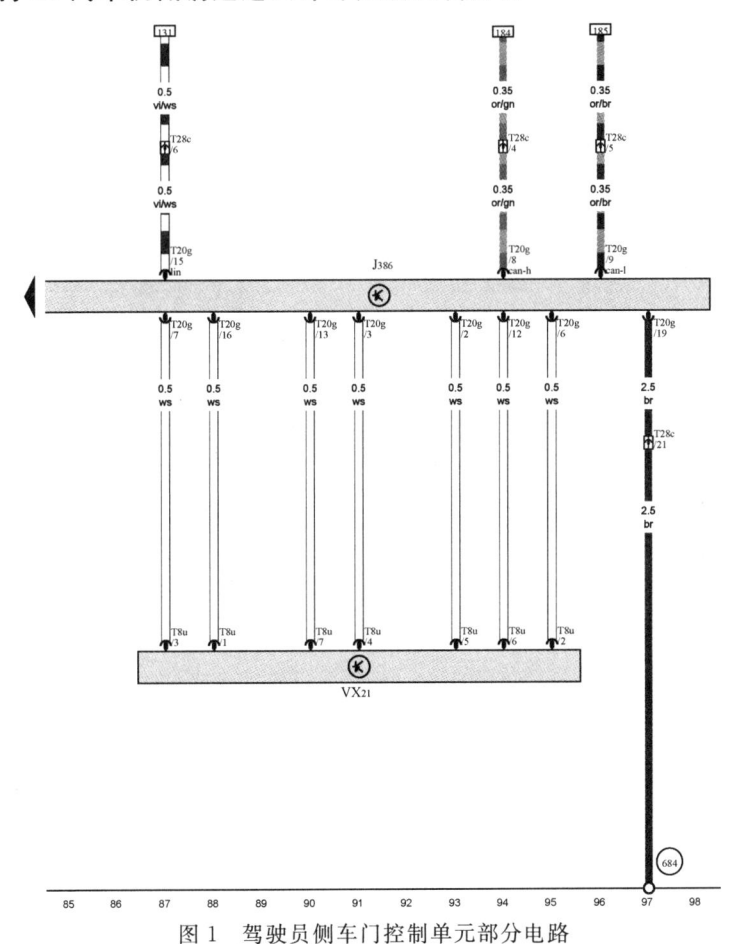

图 1　驾驶员侧车门控制单元部分电路

电路分析：

根据图 1 所示，VX21 驾驶员侧车门关闭单元有 7 根线，均连入 J386 驾驶员侧车门控制单元，VX21驾驶员车门关闭单元包含驾驶员侧锁芯中的接触开关、驾驶员侧车门接触开关、驾驶员车门内中央门锁Safe功能指示灯开关和驾驶员车门内中央门锁电机、驾驶员车门内中央门锁Safe功能电机。

逻辑分析：

用机械钥匙开启和关闭车门时，驾驶员侧锁芯中的接触开关动作，开关闭合和断开时，J386驾驶员侧车门控制单元内部能监测到电路信号电压的改变，从而控制驾驶员车门中央门锁电机动作，来实现驾驶员侧车门的开锁和闭锁，同时J386驾驶员侧车门控制单元会将监测到的驾驶员侧锁芯中的接触开关开闭信号转换成信号电压传送至舒适系统CAN总线上，J519车身控制单元读取此信息后，由于并未验证合法钥匙，故不对其他执行元件下达指令动作。

拉开和关闭驾驶员侧车门时，驾驶员侧车门接触开关动作，开关断开和闭合时，J386驾驶员侧车门控制单元内部能监测到电路信号电压的改变，同时J386驾驶员侧车门控制单元会将监测到的驾驶员侧车门接触开关开闭信号转换成信号电压传送至舒适系统CAN总线上，组合仪表控制单元读取此信息后，仪表会显示车门当前状态。

2. 迈腾B7汽车遥控钥匙进入许可控制逻辑分析

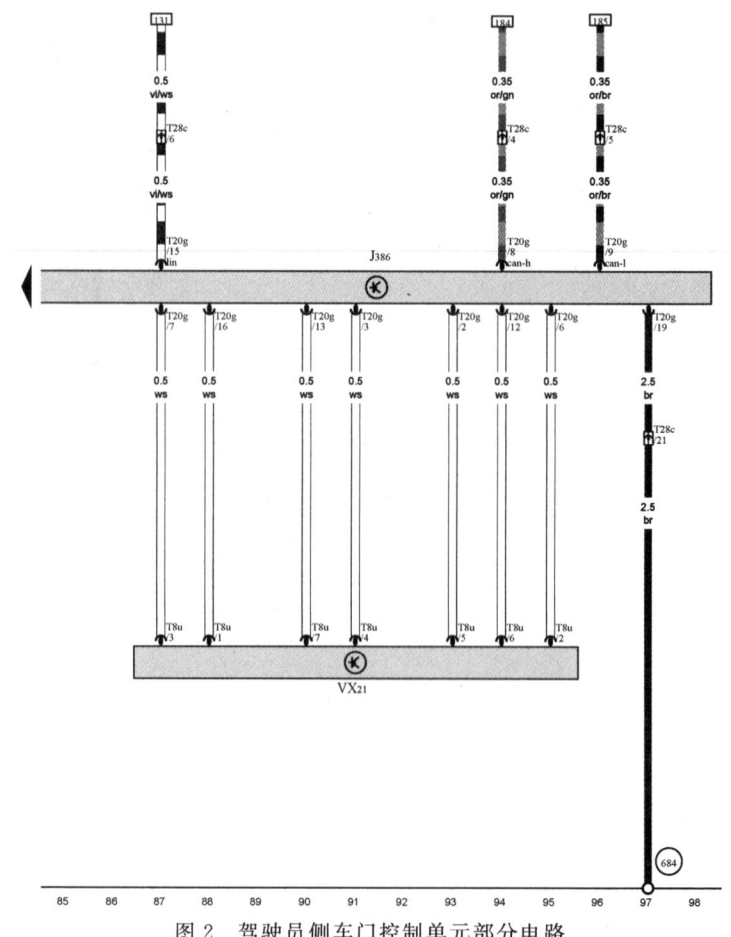

图2 驾驶员侧车门控制单元部分电路

电路分析：

如图 2 所示，VX21 驾驶员侧车门关闭单元有 7 根线，均连入 J386 驾驶员侧车门控制单元，VX21 驾驶员车门关闭单元包含驾驶员侧锁芯中的接触开关、驾驶员侧车门接触开关，驾驶员车门内中央门锁 Safe 功能指示灯开关和驾驶员车门内中央门锁电机、驾驶员车门内中央门锁 Safe 功能电机。

J386 驾驶员侧车门控制单元 T20g/8 针脚连接地址码 184，根据断线代号法查找电路可知，连接至 B397 连接 1（舒适/便捷系统 CAN 总线，High）的主导线束中。J386 驾驶员侧车门控制单元 T20g/9 针脚连接地址码 185，根据断线代号法查找电路可知，连接至 B406 连接 1（舒适/便捷系统 CAN 总线，Low）的主导线束中。J386 驾驶员侧车门控制单元 T20g/15 针脚连接地址码 131，根据断线代号法查找电路可知，连接至 J926 驾驶员侧后部车门控制单元 T20l/8 针脚。J386 驾驶员侧车门控制单元 T20g/19 针脚连接至左前边梁上 684 接地点。

逻辑分析：

按下遥控钥匙开关车门时，防盗模块对钥匙身份进行验证，验证通过后，J519 车身控制单元发出指令控制执行器动作，控制转向灯闪烁几次，将解锁或闭锁命令信息传至舒适系统 CAN 总线上，J386 驾驶员侧车门控制单元在舒适系统 CAN 总线上读取此解锁或闭锁命令信息后，控制驾驶员车门内中央门锁 Safe 功能指示灯开关动作，熄灭和激活防盗指示灯，控制驾驶员侧车门门锁电机解锁或闭锁，同时唤醒 J386 驾驶员侧车门控制单元和 J926 驾驶员侧后部车门控制单元之间的 LIN 线，将解锁或闭锁命令信息发送至 LIN 线上。

拉开和关闭各车门时，车门接触开关动作，开关断开和闭合时，各车门控制单元内部能监测到电路信号电压的改变，同时车门控制单元会将监测到的驾驶员侧车门接触开关开闭信号转换成信号电压传送至舒适系统 CAN 总线或 LIN 线上，组合仪表控制单元读取此信息后，仪表会显示车门当前状态。

3. 迈腾 B7 汽车无钥匙进入许可控制逻辑分析

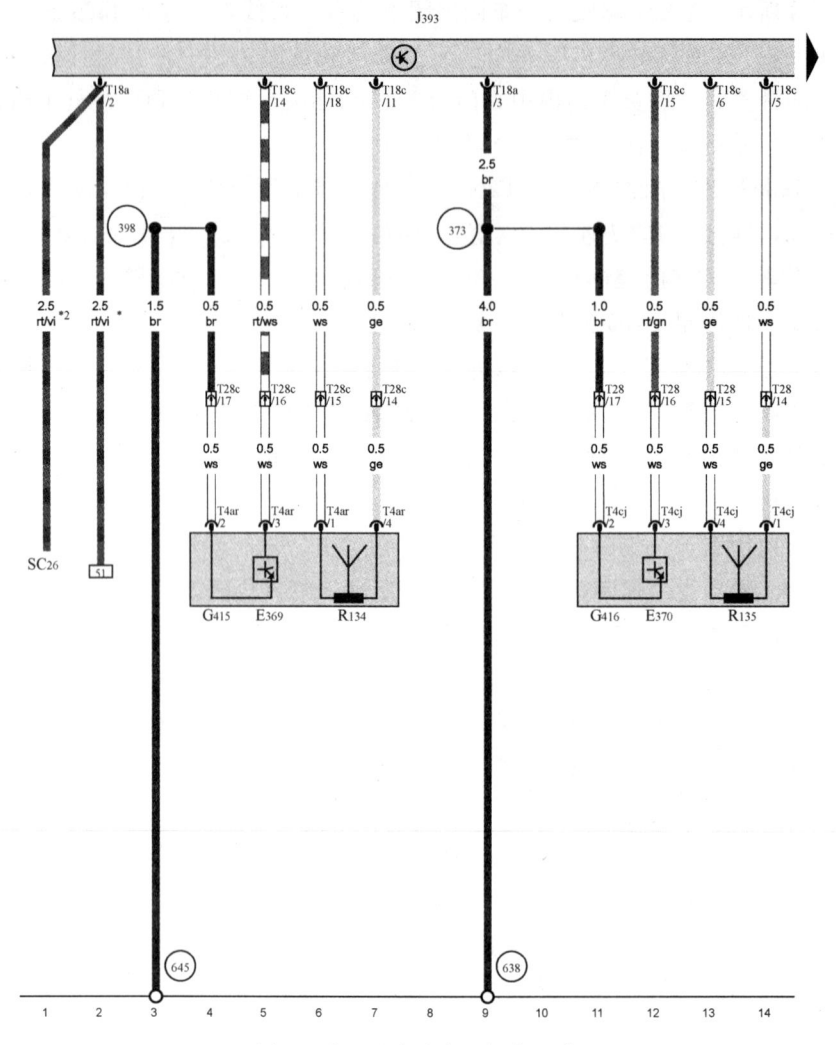

图 3 进入及启动许可部分电路

电路分析：

根据图 3 所示，J393 舒适/便捷系统的中央控制单元供电保险丝是 SC26，根据书签查找保险丝配置方法可知，连接至保险丝 SA4 到蓄电池正极。

G415 驾驶员侧车门外把手接触传感器由 J393 舒适/便捷系统的中央控制单元的 T18c/14 针脚供电至 E369 驾驶员侧车门外把手中央门锁按钮的 T4ar/3 针脚，经 E369 驾驶员侧车门外把手中央门锁按钮，与 645 前围板上的接地点 1，构成闭合回路。

R134 驾驶员侧的进入及启动系统天线 T4ar/4 针脚与 J393 舒适/便捷系统的中央控制单元的 T18c/11 针脚相连，R134 驾驶员侧的进入及启动系统天线 T4ar/1 针脚与 J393 舒适/便捷系统的中央控制单元的 T18c/18 针脚相连，构成闭合回路。

根据图 3 所示，G416 副驾驶员侧车门外把手接触传感器由 J393 舒适/便捷系统的中央控制单元的 T18c/15 针脚供电至 E370 副驾驶员侧车门外把手中央门锁按钮的 T4cj/3 针脚,经 E370 副驾驶员侧车门外把手中央门锁按钮,与 638 右侧 A 柱上的接地点,构成闭合回路。

R135 副驾驶员侧的进入及启动系统天线 T4cj/4 针脚与 J393 舒适/便捷系统的中央控制单元的 T18c/6 针脚相连,R135 副驾驶员侧的进入及启动系统天线 T4cj/1 针脚与 J393 舒适/便捷系统的中央控制单元的 T18c/5 针脚相连,构成闭合回路。

逻辑分析:

当驾驶员操作 E369 驾驶员侧车门外把手中央门锁按钮时,驾驶员开锁或闭锁意图信息通过信号触发电路,J393 舒适/便捷系统的中央控制单元的针脚 T18c/14→E369 驾驶员侧车门外把手中央门锁按钮的针脚 T4ar/3→G415 驾驶员侧车门外把手接触传感器的针脚 T4ar/2→645 前围板上的接地点 1 间的线路接通。J393 舒适/便捷系统的中央控制单元针脚 T18c/14 处,会监测到信号电压改变,从而控制 R134 驾驶员侧的进入及启动系统天线发出低频找钥匙信号。遥控钥匙接收到此低频信号后,钥匙指示灯根据各自不同的设定会闪烁几次,钥匙对接收到的信息进行转换,发出高频信号至防盗控制模块进行钥匙身份验证。验证通过后,J519 车载电网控制单元控制转向灯闪烁几次,将解锁或闭锁命令信息传至舒适系统 CAN 总线上,J386 驾驶员侧车门控制单元在舒适系统 CAN 总线上读取此解锁或闭锁命令信息后,控制驾驶员侧车门门锁电机解锁或闭锁,同时控制 V121 驾驶员侧后视镜内折电机和 V122 副驾驶员侧后视镜内折电机打开或折叠;唤醒 J386 驾驶员侧车门控制单元和 J926 驾驶员侧后部车门控制单元之间的 LIN 线,将解锁或闭锁命令信息发送至 LIN 线上,J926 驾驶员侧后部车门控制单元在 LIN 线上读到此解锁或闭锁信息后,控制左后车门门锁电机解锁或闭锁;副驾驶员侧车门控制单元在舒适系统 CAN 总线上读取此解锁或闭锁命令信息后,控制副驾驶员侧车门门锁电机解锁或闭锁;唤醒 J387 副驾驶员侧车门控制单元和 J927 副驾驶员侧后部车门控制单元之间的 LIN 线,将解锁或闭锁命令信息发送至 LIN 线上,J927 副驾驶员侧后部车门控制单元在 LIN 线上读到此解锁或闭锁信息后,控制右后车门门锁电机解锁或闭锁;同时控制 V53 后盖内中央门锁电机解锁或闭锁和 V155 油箱盖锁止装置马达解锁或闭锁。

当驾驶员操作 E370 副驾驶员侧车门外把手中央门锁按钮时,驾驶员开锁或闭锁意图信息通过信号触发电路,J393 舒适/便捷系统的中央控制单元的针脚 T18c/15→E370 副驾驶员侧车门外把手中央门锁按钮的针脚 T4cj/3→G416 副驾驶员侧车门外把手接触传感器的针脚 T4cj/2→638 右侧 A 柱上的接地点间的线路接通。J393 舒适/便捷系统的中央控制单元针脚 T18c/15 处,会监测到信号电压改变,从而控制 R135 副驾驶员侧的进入及启动系统天线发出低频找钥匙信号,遥控钥匙接收到此低频信号后,钥匙指示灯根据各自不同的设定会闪烁几次,钥匙对接收到的信息进行转换,发出高频信号至防盗控制模块进行钥匙身份验证。

验证通过后,J519 车载电网控制单元控制转向灯闪烁几次,将解锁或闭锁命令信息传至舒适系统 CAN 总线上,J387 副驾驶员侧车门控制单元在舒适系统 CAN 总线读取此解锁或闭锁命令信息后，控制驾驶员侧车门门锁电机解锁或闭锁，同时控制 V121 驾驶员侧后视镜内折电机和 V122 副驾驶员侧后视镜内折电机打开或折叠。唤醒 J387 副驾驶员侧车门控制单元和 J927 副驾驶员侧后部车门控制单元之间的 LIN 线，将解锁或闭锁命令信息发送至 LIN 线上，J927 副驾驶员侧后部车门控制单元在 LIN 线上读到此解锁或闭锁信息后，控制右后车门门锁电机解锁或闭锁；J386 驾驶员侧车门控制单元在舒适系统 CAN 总线读取此解锁或闭锁命令信息后，控制驾驶员侧车门门锁电机解锁或闭锁；唤醒 J386 驾驶员侧车门控制单元和 J926 驾驶员侧后部车门控制单元之间的 LIN 线，将解锁或闭锁命令信息发送至 LIN 线上，J926 驾驶员侧后部车门控制单元在 LIN 线上读到此解锁或闭锁信息后，控制左后车门门锁电机解锁或闭锁，同时控制 V53 后盖内中央门锁电机解锁或闭锁和 V155 油箱盖锁止装置马达解锁或闭锁。

4. 驾驶员侧车门控制单元部分电路

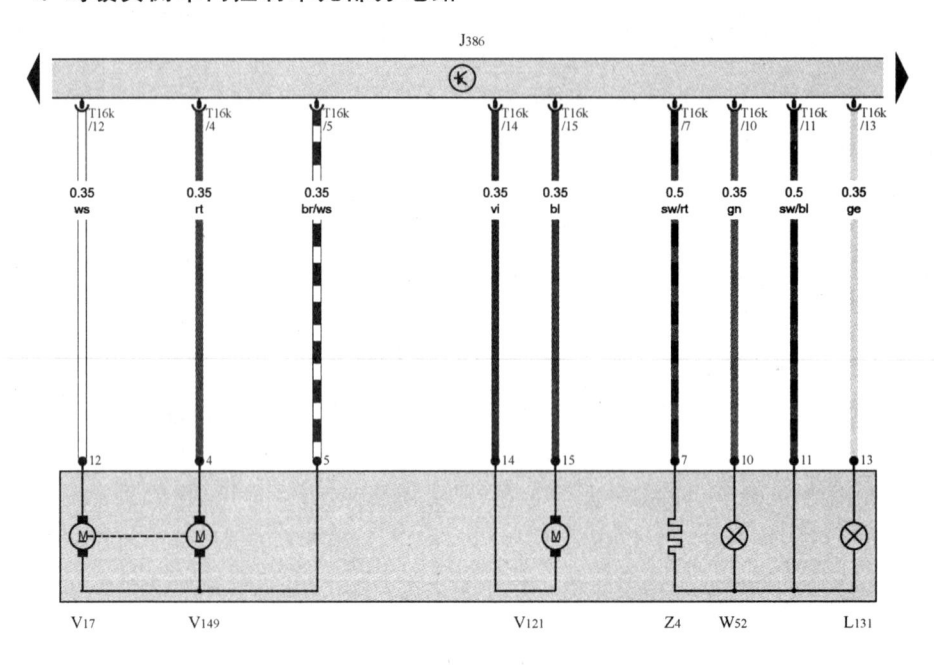

图 4 驾驶员侧车门控制单元部分电路

电路分析：

根据图 4 所示，V121 驾驶员侧后视镜折叠电机 14 针脚接 J386 驾驶员侧车门控制单元 T16k/14 针脚，V121 驾驶员侧后视镜折叠电机 15 针脚接 J386 驾驶员侧车门控制单元 T16k/15 针脚；L131 驾驶员侧外后视镜警告灯泡由 J386 驾驶员侧车门控制单元 T16k/13 针脚供电→L131 驾驶员侧外后视镜警告灯泡的 13 针脚→11 针脚→J386 驾驶员侧车门控制单元 T16k/11 针脚构成闭合回路。

逻辑分析：

按下遥控钥匙开启和关闭车门时，防盗模块对钥匙身份进行验证，验证通过后，J519 车身控制单元发出指令控制执行器动作，将解锁或闭锁命令信息传至舒适系统 CAN 总线上，J386 驾驶员侧车门控制单元在舒适系统 CAN 总线上读取此解锁或闭锁命令信息后，控制 V121 驾驶员侧后视镜内折电机动作。

5. 左后车门关闭单元部分电路

图 5　左后车门关闭单元部分电路

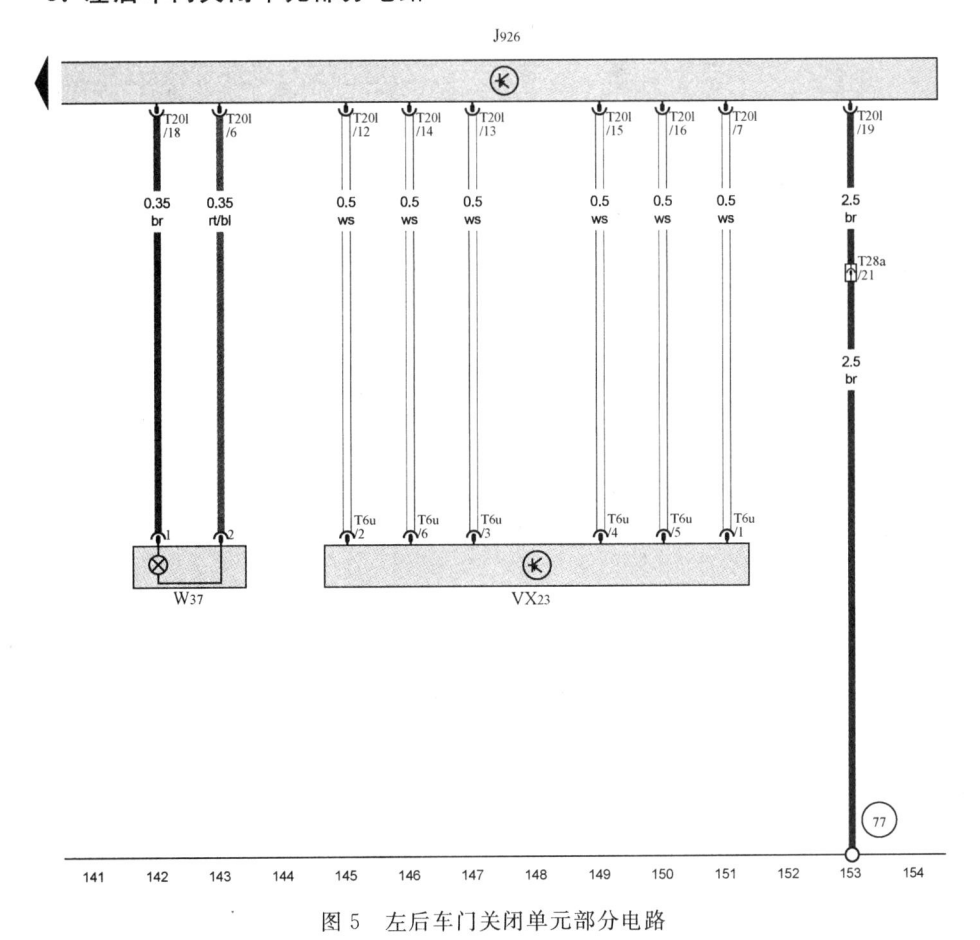

电路分析：

根据图 5 所示，VX23 左后车门关闭单元有 6 根线，均连入 J926 驾驶员侧后部车门控制单元。

逻辑分析：

按下遥控钥匙开关车门时，防盗模块对钥匙身份进行验证，验证通过后，发出指令信息，J926 驾驶员侧后部车门控制单元在 LIN 线上读到此解锁或闭锁信息后，控制左后车门门锁电机解锁或闭锁。

6. 副驾驶员侧车门控制单元部分电路

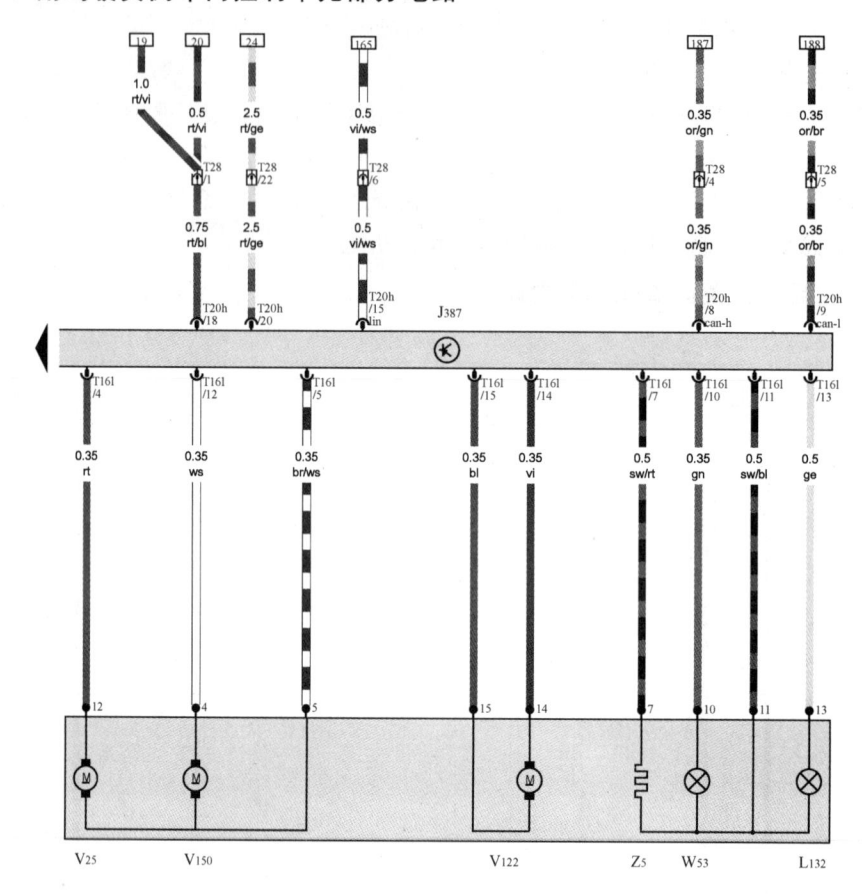

图 6 副驾驶员侧车门控制单元部分电路

电路分析：

根据图 6 所示，J387 副驾驶员侧车门控制单元 T20h/18 针脚连接地址码 20，根据断线代号法查找电路可知，连接至 SC28 保险丝经 SA4 到蓄电池正极。

J387 副驾驶员侧车门控制单元 T20h/20 针脚连接地址码 24，根据断线代号法查找电路可知，连接至 SC35 保险丝经 SA4 到蓄电池正极。

J387 副驾驶员侧车门控制单元 T20h/15 针脚连接地址码 165，根据断线代号法查找电路可知，连接至 J927 副驾驶员侧后部车门控制单元 T20k/8 针脚。

J387 副驾驶员侧车门控制单元 T20h/8 针脚连接地址码 187，根据断线代号法查找电路可知，连接至 B397 连接 1（舒适/便捷系统 CAN 总线，High）的主导线束中。J387 副驾驶员侧车门控制单元 T20h/9 针脚连接地址码 188，根据断线代号法查找电路可知，连接至 B406 连接 1（舒适/便捷系统 CAN 总线，Low）的主导线束中。

V122 副驾驶员侧后视镜内折电机 14 针脚接 J387 副驾驶员侧车门控制单元 T16l/14 针脚，V122 副驾驶员侧后视镜折叠电机 15 针脚接 J387 副驾驶员侧车门控制单元 T16l/15 针脚；L132 副驾驶员侧外后视镜警告灯泡由 J387 副驾驶员侧车门控制单元 T16l/13 针脚供电→L132 副驾驶员侧外后视镜警告灯泡的 13 针脚→11 针脚→J387 副驾驶员侧车门控制单元 T16l/11 针脚构成闭合回路。

7. 副驾驶员侧车门关闭单元控制电路

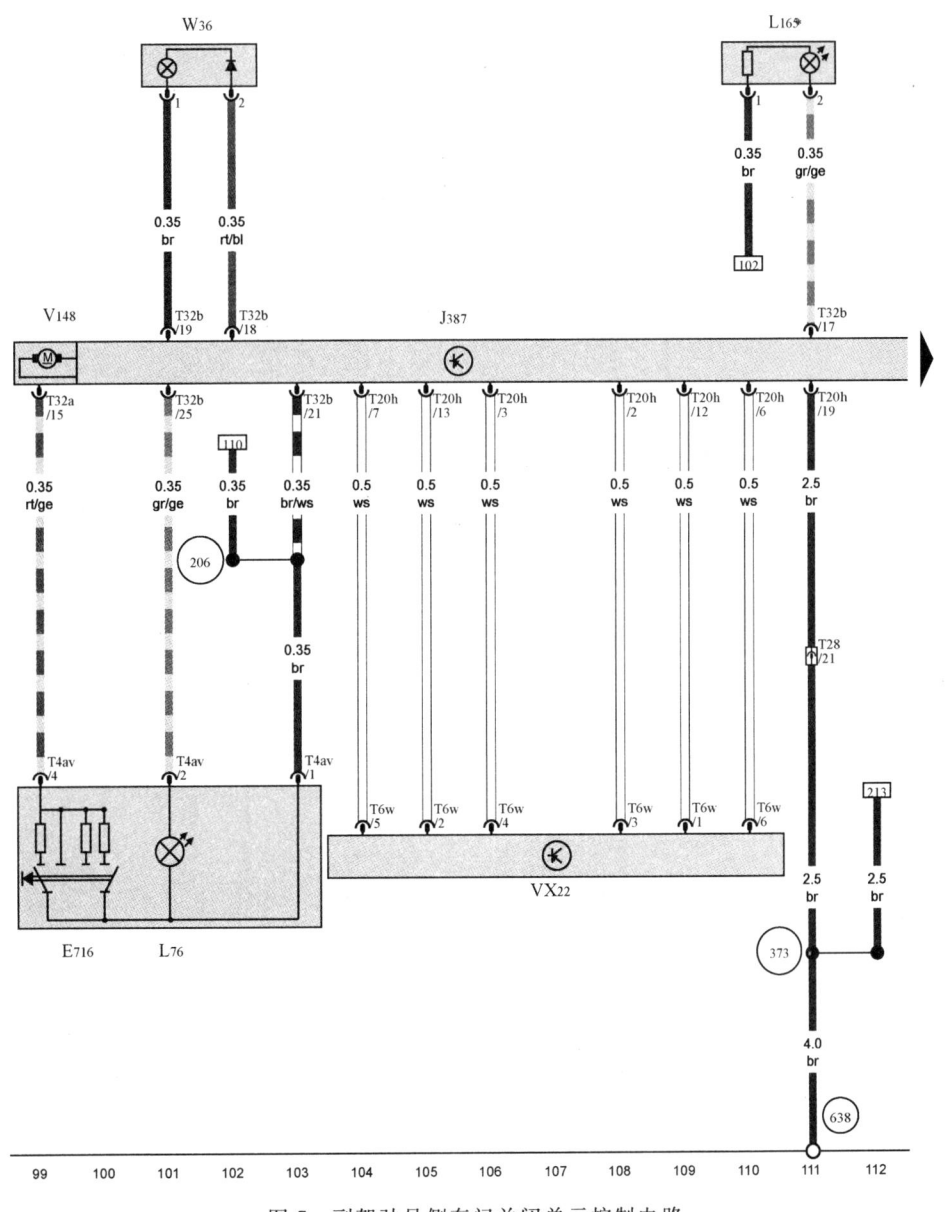

图 7　副驾驶员侧车门关闭单元控制电路

电路分析：

根据图 7 所示，VX22 副驾驶员侧车门关闭单元有 6 根线，均连入 J387 副驾驶员侧车门控制单元。

逻辑分析：

按下遥控钥匙开关车门时，防盗模块对钥匙身份进行验证，验证通过后，J519 车身控制单元发出指令控制执行器动作，控制转向灯闪烁几次，将解锁或闭锁命令信息传至舒适系统 CAN 总线上，J387 副驾驶员侧车门控制单元在舒适系统 CAN 总线上读取此解锁或闭锁命令信息后，控制副驾驶员侧车门门锁电机解锁或闭锁，控制 V122 副驾驶员侧后视镜内折电机打开或关闭，同时唤醒 J387 副驾驶员侧车门控制单元和 J927 副驾驶员侧后部车门控制单元之间的 LIN 线，将解锁或闭锁命令信息发送至 LIN 线上。

8. 副驾驶员侧后部车门控制单元部分电路

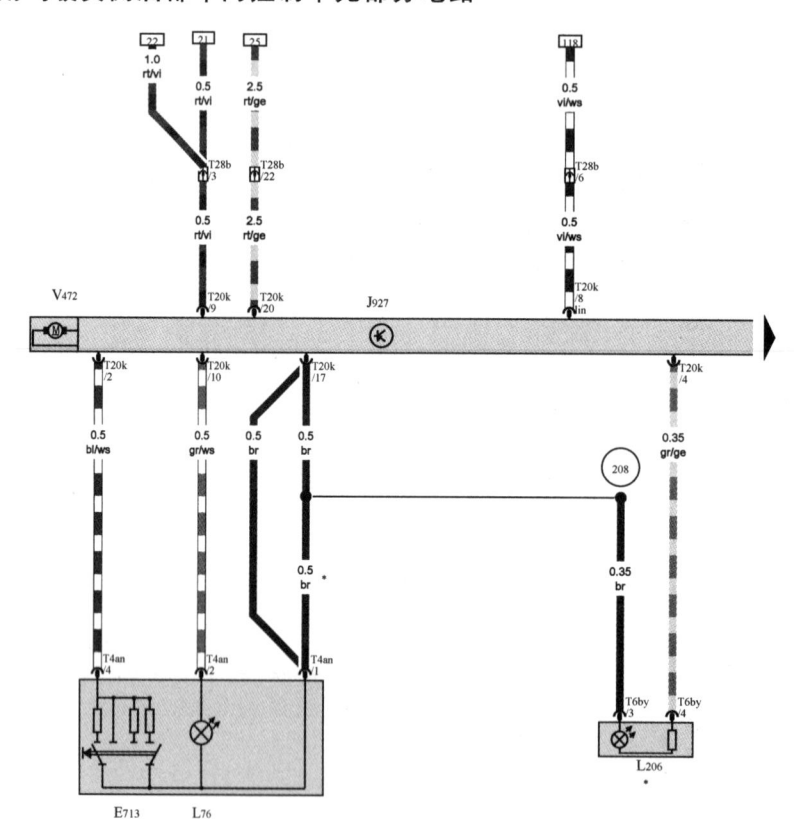

图 8　副驾驶员侧后部车门控制单元部分电路

电路分析：

根据图 8 所示，J927 副驾驶员侧后部车门控制单元 T20k/9 针脚连接地址码 21，根据断线代号法查找电路可知，连接至 SC28 保险丝经 SA4 到蓄电池正极。

J927 副驾驶员侧后部车门控制单元 T20k/20 针脚连接地址码 25，根据断线代号法查找电路可知，连接至 SC35 保险丝经 SA4 到蓄电池正极。

J927 副驾驶员侧后部车门控制单元 T20k/8 针脚连接地址码 118，根据断线代号法查找电路可知，连接至 J387 副驾驶员侧车门控制单元 T20h/15 针脚。

9. 副驾驶员侧后部车门关闭单元控制电路

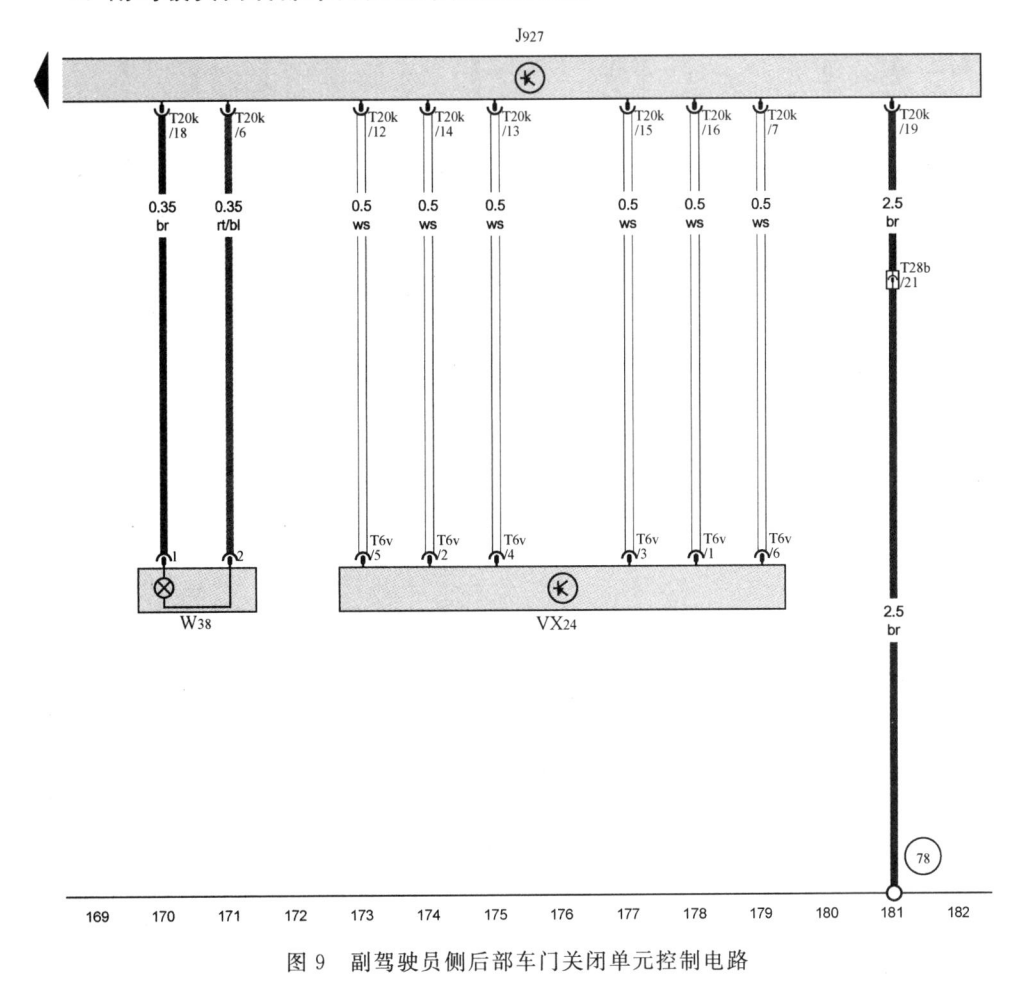

图 9 副驾驶员侧后部车门关闭单元控制电路

电路分析：

根据图 9 所示，VX24 副驾驶员侧后部车门关闭单元有 6 根线，均连入 J927 副驾驶员侧后部车门控制单元。

逻辑分析：

按下遥控钥匙开关车门时，防盗模块对钥匙身份进行验证，验证通过后，发出指令信息，J927 副驾驶员侧后部车门控制单元在 LIN 线上读到此解锁或闭锁信息后，控制副驾驶员侧后部车门门锁电机解锁或闭锁。

10. 后盖中中央门锁电机与油箱盖锁止装置马达电路

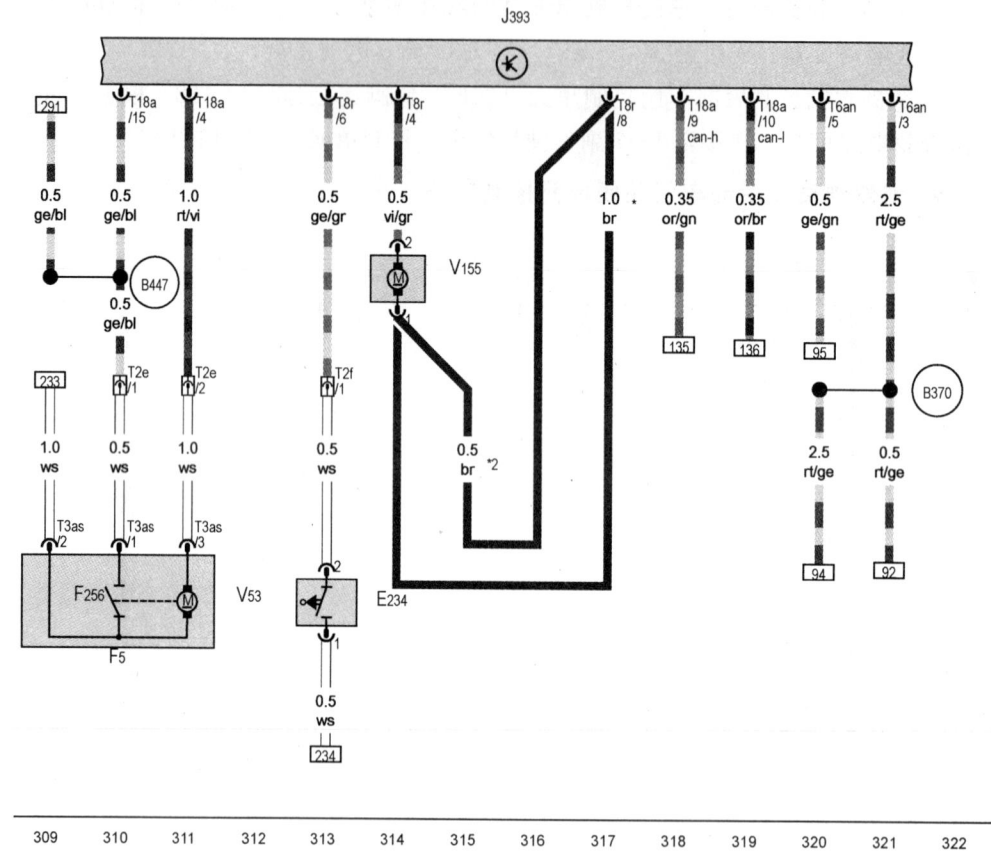

图 10 后盖中中央门锁电机与油箱盖锁止装置马达电路

电路分析：

根据图 10 所示，V53 后盖内中央门锁电机 T3as/3 针脚接 J393 舒适/便捷系统的中央控制单元的 T18a/4 针脚，V53 后盖内中央门锁电机 T3as/2 针脚接地址码 233，根据断线代号法查找电路可知，接至 50 行李箱左侧接地点。

V155 油箱盖锁止装置马达 2 针脚接 J393 舒适/便捷系统的中央控制单元的 T8r/4 针脚，V155 油箱盖内中央门锁电机 1 针脚接 J393 舒适/便捷系统的中央控制单元的 T8r/8 针脚。

逻辑分析：

按下遥控钥匙开关车门时，防盗模块对钥匙身份进行验证，验证通过后，J519 车身控制单元发出指令控制执行器动作，控制转向灯闪烁几次，将解锁或闭锁命令信息传至舒适系统 CAN 总线上，J393 舒适/便捷系统的中央控制单元在舒适系统 CAN 总线上读取此解锁或闭锁命令信息后，控制 V53 后盖内中央门锁电机解锁或闭锁和 V155 油箱盖锁止装置马达解锁或闭锁。

11. 进入及启动许可部分电路

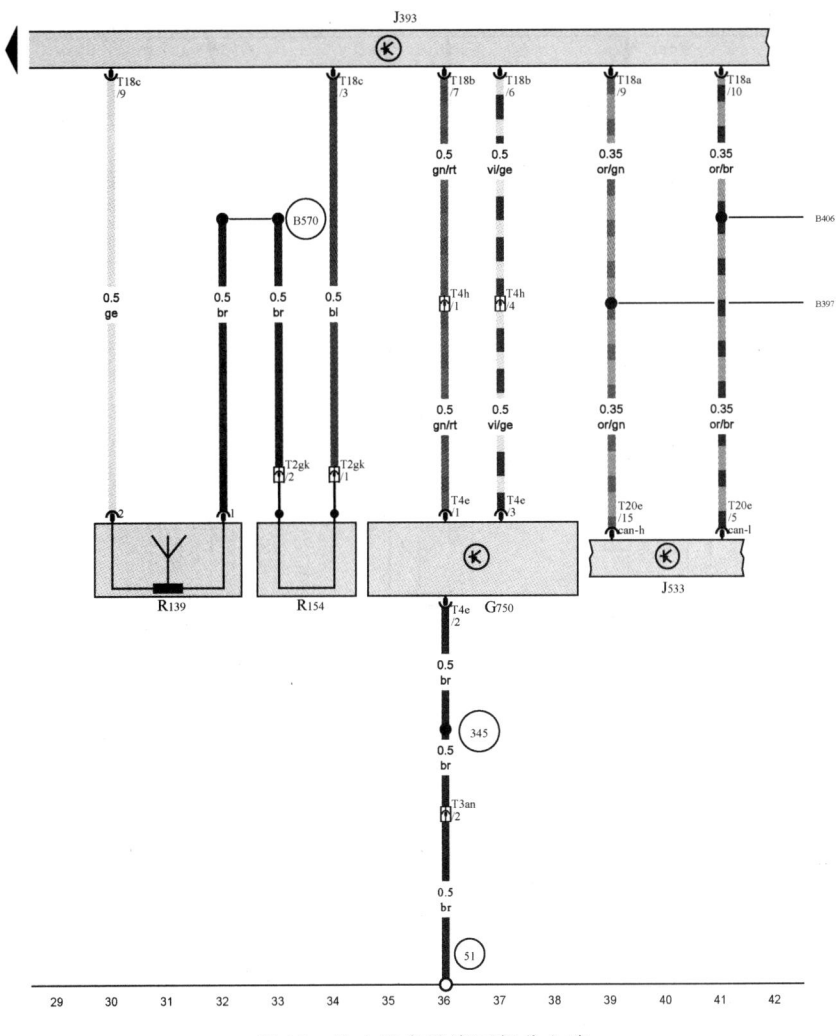

图 11 进入及启动许可部分电路

电路分析：

根据图 11 所示，G750 行李箱盖打开传感器由 J393 舒适/便捷系统的中央控制单元的 T18b/6 针脚和 T18b/7 针脚分别与 G750 行李箱盖打开传感器 T4e/3 针脚和 T4e/1 针脚相连接，G750 行李箱盖打开传感器的 T4e/2 针脚与 51 行李箱内的右侧接地点构成闭合回路。

12. 进入及启动许可天线部分电路

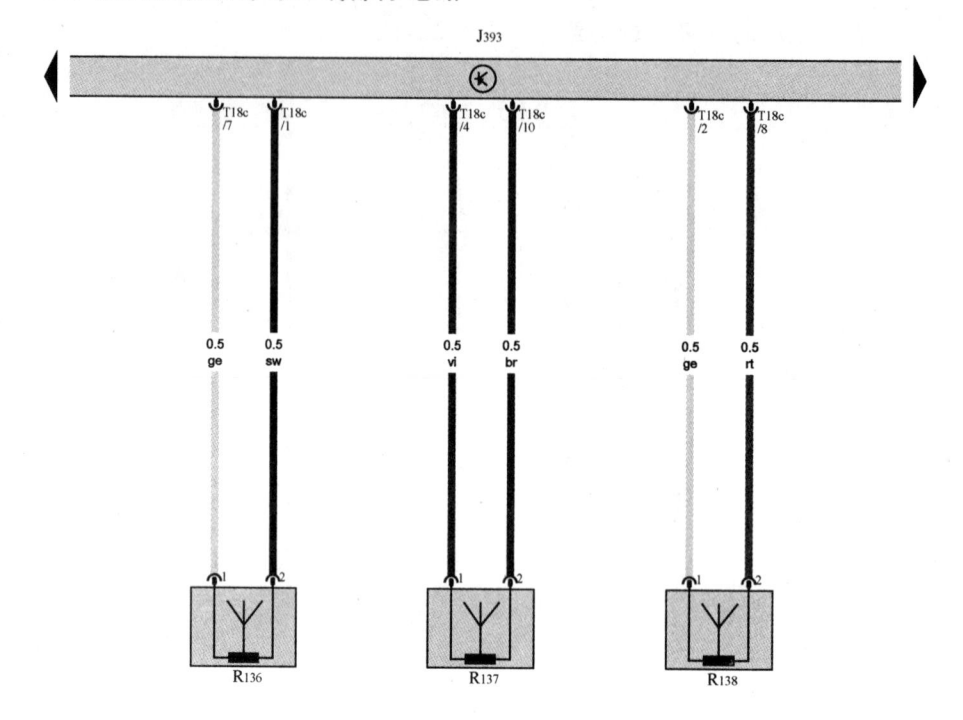

图 12 进入及启动许可天线部分电路

电路分析：

根据图 12 所示，R136 后部保险杠内的进入及启动系统天线 1 针脚与 J393 舒适/便捷系统的中央控制单元的 T18c/7 针脚相连，R136 后部保险杠内的进入及启动系统天线 2 针脚与 J393 舒适/便捷系统的中央控制单元的 T18c/1 针脚相连，构成闭合回路。

逻辑分析：

当驾驶员操控 G750 行李箱盖打开传感器时，驾驶员开锁行李箱盖意图信息通过信号触发电路，J393 舒适/便捷系统的中央控制单元的针脚 T18c/7 针脚和 T18c/

1针脚相连会监测到信号电压改变，从而控制R136后部保险杠内的进入及启动系统天线发出低频找钥匙信号，遥控钥匙接收到此低频信号后，钥匙指示灯根据各自不同的设定会闪烁几次，钥匙对接收到的信息进行转换，发出高频信号至防盗控制模块进行钥匙身份验证。若验证通过后，控制执行器按指令动作。

当驾驶员携带车辆遥控钥匙在规定范围内按下E234尾门把手中的解锁或闭锁按钮时，驾驶员开门意图信息通过信号触发电路J393舒适/便捷系统的中央控制单元，开锁请求信息经J393舒适/便捷系统的中央控制单元的信号触发电路的针脚T8r/6及E234开关至50行李箱左侧接地点线路，将开门信号传送至J393舒适/便捷系统的中央控制单元。当J393舒适/便捷系统的中央控制单元接收到驾驶员意图的解锁或闭锁尾门信号，唤醒舒适系统CAN总线，并将解锁或闭锁请求信号发送至总线上。J393舒适/便捷系统的中央控制单元接收到驾驶员意图的解锁或闭锁尾门信号后，控制R136后部保险杠内的进入及启动系统天线发出低频找钥匙信号，遥控钥匙接收到此低频信号后，钥匙指示灯根据各自不同的设定会闪烁几次，钥匙对接收到的信息进行转换，发出高频信号。遥控钥匙发出高频带有钥匙身份的信号至J519车载电网控制单元，此时J519车载电网控制单元对所接收到的钥匙的身份信息进行验证，若验证是合法钥匙，会执行指令动作，控制V53后盖内中央门锁电机解锁或闭锁。

任务 3　迈腾 B8 汽车进入许可控制逻辑与检修

该任务主要学习迈腾 B8 汽车进入许可控制逻辑，并根据故障现象进行故障排除。在对迈腾 B8 汽车进入许可控制逻辑的学习过程中，需结合迈腾 B8 实训车辆、万用表、示波器、交互软件、电路图等设备对迈腾 B8 汽车进入许可控制逻辑进行深入学习及故障排除。

知识准备

迈腾 B8 汽车进入许可控制逻辑

1. 迈腾 B8 汽车机械钥匙进入许可控制逻辑分析

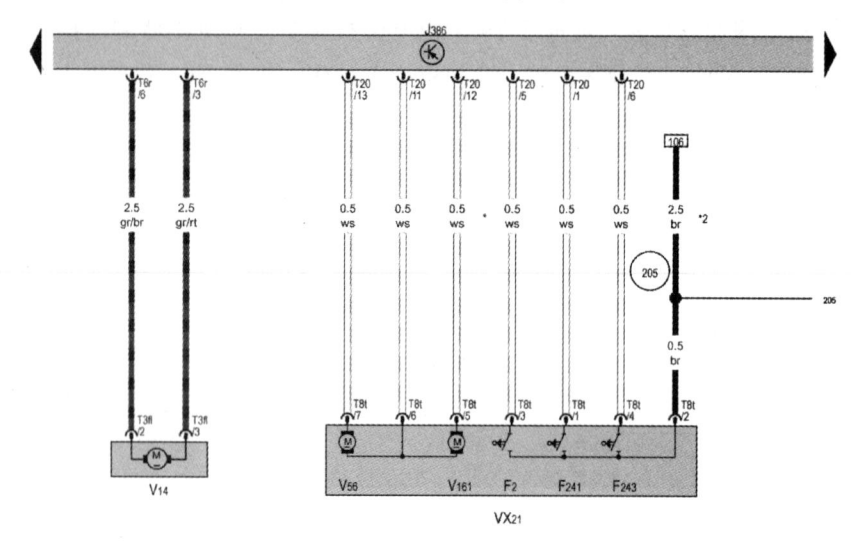

图 1　驾驶员侧车门控制单元部分电路

电路分析：

根据图 1 所示，VX21 驾驶员侧车门关闭单元有 7 根线，均连入 J386 驾驶员侧车门控制单元，VX21 驾驶员侧车门关闭单元包含驾驶员侧锁芯中的接触开关，驾驶员侧车门接触开关，驾驶员侧车门内中央门锁 Safe 功能指示灯开关。VX21 驾驶员侧车门关闭单元包含驾驶员侧车门内中央门锁电机和驾驶员侧车门内中央门锁 Safe 功能电机两个电机。

F2 驾驶员侧车门接触开关 T8t/3 针脚连接 J386 驾驶员侧车门控制单元 T20/5 针脚，另一端经 T8t/2 针脚接地址码 106，通过断线代号法查找电路至 44 左侧 A 柱下部接地点，构成闭合回路。

F241 驾驶员侧锁芯中的接触开关 T8t/1 针脚连接 J386 驾驶员侧车门控制单元 T20/1 针脚，另一端经 T8t/2 针脚接地址码 106，通过断线代号法查找电路至 44 左侧 A 柱下部接地点，构成闭合回路。

F243 驾驶员侧车门内中央门锁 Safe 功能指示灯开关 T8t/4 针脚连接 J386 驾驶员侧车门控制单元 T20/6 针脚，另一端经 T8t/2 针脚接地址码 106，通过断线代号法查找电路至 44 左侧 A 柱下部接地点，构成闭合回路。

V56 驾驶员侧车门内中央门锁电机 T8t/7 针脚接 J386 驾驶员侧车门控制单元 T20/13 针脚，另一端经 T8t/6 针脚接 J386 驾驶员侧车门控制单元 T20/11 针脚，构成回路。

V161 驾驶员车门内中央门锁 Safe 功能电机 T8t/5 针脚一端接 J386 驾驶员侧车门控制单元 T20/12 针脚，另一端经 T8t/6 针脚接 J386 驾驶员侧车门控制单元 T20/11 针脚，构成回路。

逻辑分析：

用机械钥匙开启和关闭车门时，F241 驾驶员侧锁芯中的接触开关动作，开关断开和闭合时，J386 驾驶员侧车门控制单元内部能监测到电路信号电压的改变，从而控制 V56 驾驶员车门中央门锁电机动作，来实现驾驶员侧车门的开锁和闭锁，同时 J386 驾驶员侧车门控制单元会将监测到的驾驶员侧锁芯中的接触开关开闭信号转换成信号电压传送至舒适系统 CAN 总线上，J519 车身控制单元读取此信息后，由于并未验证合法钥匙，故不对其他执行元件下达指令动作。

拉开和关闭驾驶员侧车门时，F2 驾驶员侧车门接触开关动作，开关闭合和断开时，J386 驾驶员侧车门控制单元内部能监测到电路信号电压的改变，同时 J386 驾驶员侧车门控制单元会将监测到的驾驶员侧车门接触开关开闭信号转换成信号电压传送至舒适系统 CAN 总线上，组合仪表控制单元读取此信息后，仪表会显示车门当前状态。

2. 迈腾 B8 汽车遥控钥匙进入许可控制逻辑分析

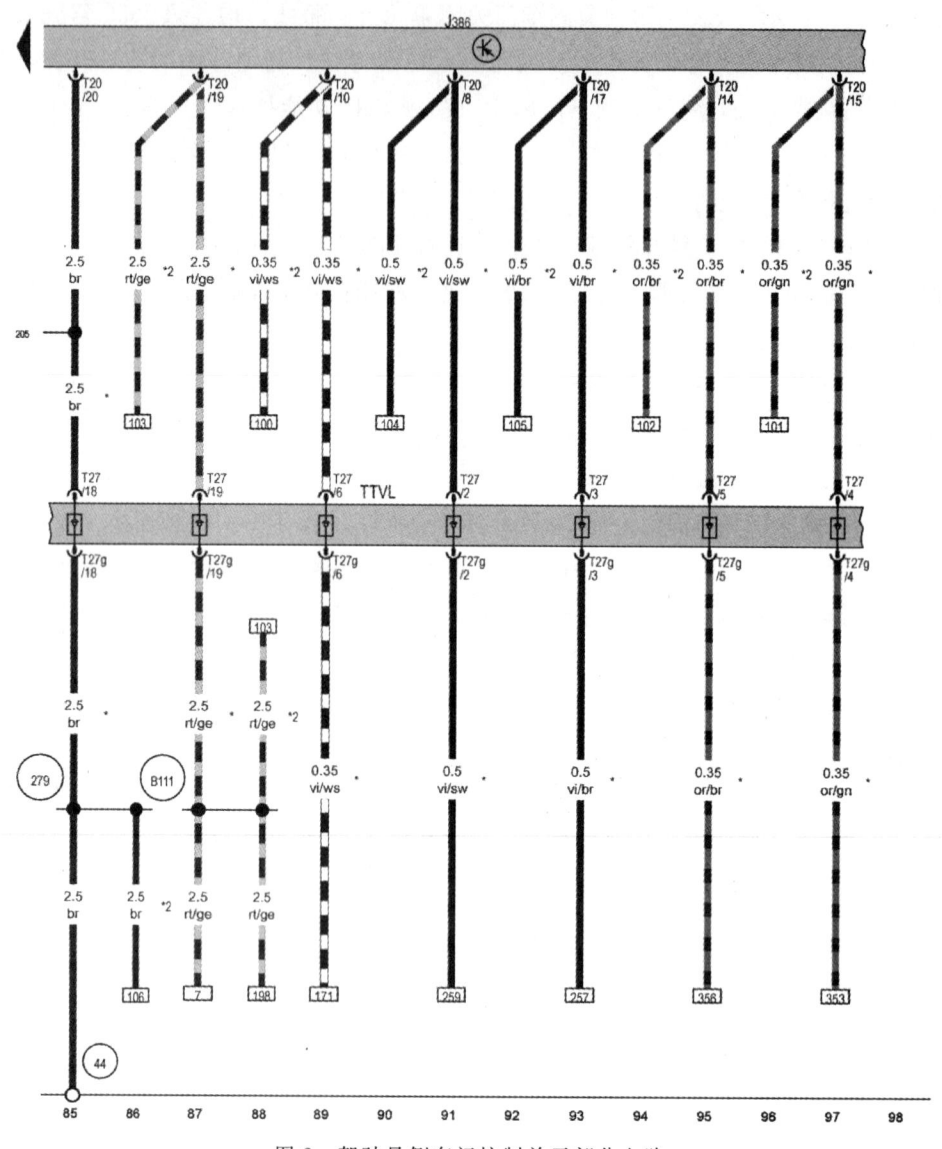

图 2　驾驶员侧车门控制单元部分电路

电路分析：

根据图 2 所示，J386 驾驶员侧车门控制单元 T20/19 针脚连接地址码 7，根据断线代号法查找电路可知，连接至保险丝 SC25，通过书签查找保险丝配置，找到保险丝 SC25 前端供电为 SA4 至蓄电池正极。

J386 驾驶员侧车门控制单元 T20/20 针脚连接至 44 左侧 A 柱下部接地点。

J386 驾驶员侧车门控制单元 T20/15 针脚连接地址码 353，根据断线代号法查找电路可知，连接至舒适/便捷系统 CAN-H 总线的主导线束中。

J386 驾驶员侧车门控制单元 T20/14 针脚连接地址码 356，根据断线代号法查找电路可知，连接至舒适/便捷系统 CAN-L 总线的主导线束中。

J386 驾驶员侧车门控制单元 T20/10 针脚连接地址码 171，根据断线代号法查找电路可知，连接至 J388 左后车门控制单元 T20b/10 针脚。

逻辑分析：

按下遥控钥匙开启和关闭车门时，防盗模块对钥匙身份进行验证，验证通过后，J519 车身控制单元发出指令控制执行器动作，控制转向灯闪烁几次，将解锁或闭锁命令信息传至舒适系统 CAN 线和 LIN 线上。

3．迈腾 B8 汽车无钥匙进入许可控制逻辑分析

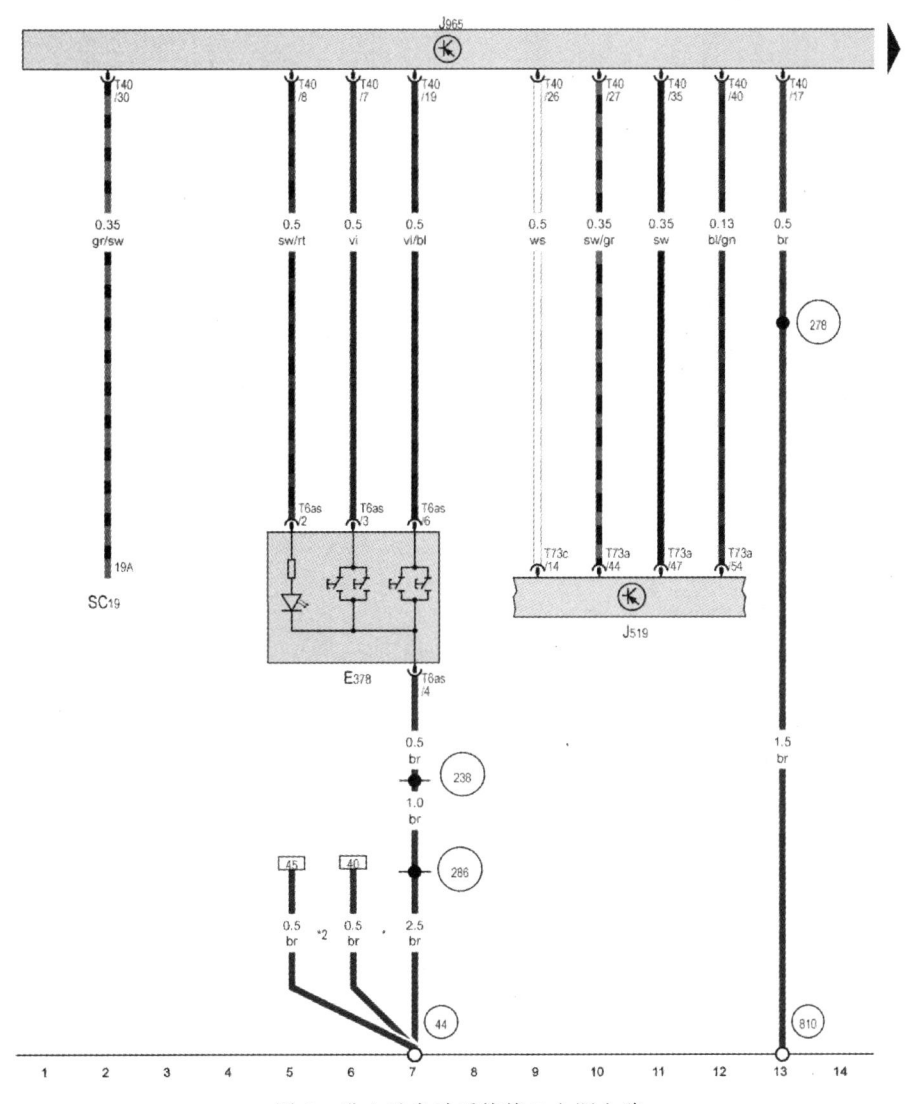

图 3　进入及启动系统接口电源电路

电路分析：

根据图 3 所示，J965 进入及启动系统接口由保险丝 SC19 供电至 T40/30 针脚，

通过电路图的保险丝配置进行查找，上游为保险丝 SA4 至蓄电池正极。J965 进入及启动系统接口的 T40/17 针脚连接至 810 中部仪表板左侧中央管处的接地点。

J965 进入及启动系统接口的电源电路中的供电为常电，使用无钥匙进入操作时，J965 进入及启动系统接口可以直接控制天线发出指定寻找该车钥匙频率信号，以便实行下一步指令。

4. 驾驶员侧车门闭锁单元电路

图 4 驾驶员侧车门闭锁单元电路

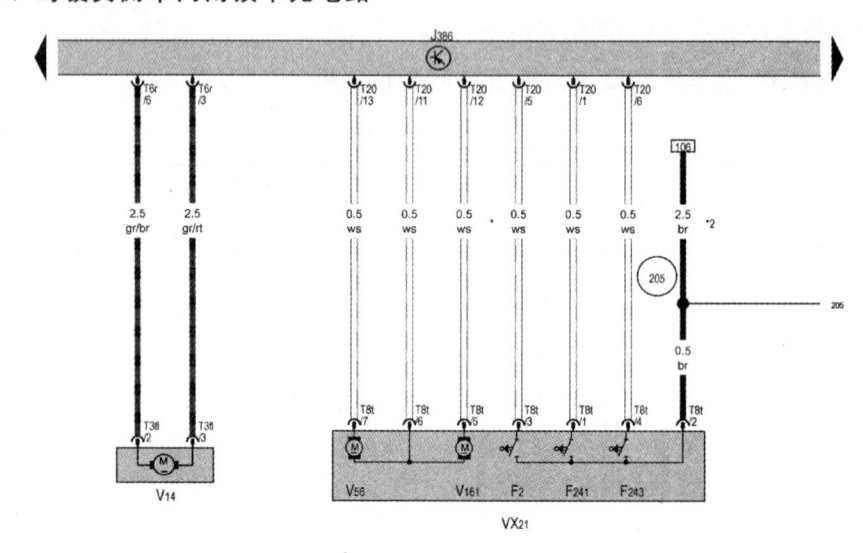

电路分析：

根据图 4 所示，F2 驾驶员侧车门接触开关 T8t/3 针脚连接 J386 驾驶员侧车门控制单元 T20/5 针脚，另一端经 T8t/2 针脚接地址码 106，通过断线代号法查找电路至 44 左侧 A 柱下部接地点，构成闭合回路。

F241 驾驶员侧锁芯中的接触开关 T8t/1 针脚连接 J386 驾驶员侧车门控制单元 T20/1 针脚，另一端经 T8t/2 针脚接地址码 106，通过断线代号法查找电路至左侧 A 柱下部接地点，构成闭合回路。

F243 驾驶员侧车门内中央门锁 Safe 功能指示灯开关 T8t/4 针脚连接 J386 驾驶员侧车门控制单元 T20/6 针脚，另一端经 T8t/2 针脚接地址码 106，通过断线代号法查找电路至左侧 A 柱下部接地点，构成闭合回路。

V56 驾驶员侧车门中央门锁电机 T8t/7 针脚接 J386 驾驶员侧车门控制单元 T20/13 针脚，另一端经 T8t/6 针脚接 J386 驾驶员侧车门控制单元 T20/11 针脚，构成回路。

V161 驾驶员侧车门内中央门锁 Safe 功能电机 T8t/5 针脚接 J386 驾驶员侧车门控制单元 T20/12 针脚，另一端经 T8t/6 针脚接 J386 驾驶员侧车门控制单元 T20/11 针脚，构成回路。

逻辑分析：

按下遥控钥匙开启和关闭车门时，防盗模块对钥匙身份进行验证，验证通过后，J519 车身控制单元发出指令控制执行器动作，控制转向灯闪烁几次，并将解锁或闭锁命令信息传至舒适系统 CAN 线上。J386 驾驶员侧车门控制单元在舒适系统 CAN 总线读取此解锁或闭锁命令信息后，控制驾驶员侧车门内中央门锁 Safe 功能指示灯开关动作，熄灭和激活防盗指示灯，控制驾驶员侧车门门锁电机解锁或闭锁。拉开和关闭各车门时，车门接触开关动作，开关断开和闭合时，各车门控制单元内部能监测到电路信号电压的改变，同时车门控制单元会将监测到的驾驶员侧车门接触开关开闭信号转换成信号电压传送至舒适系统 CAN 总线或 LIN 线上，组合仪表控制单元读取此信息后，仪表会显示车门当前状态。

5. 左后视镜折叠电机电路

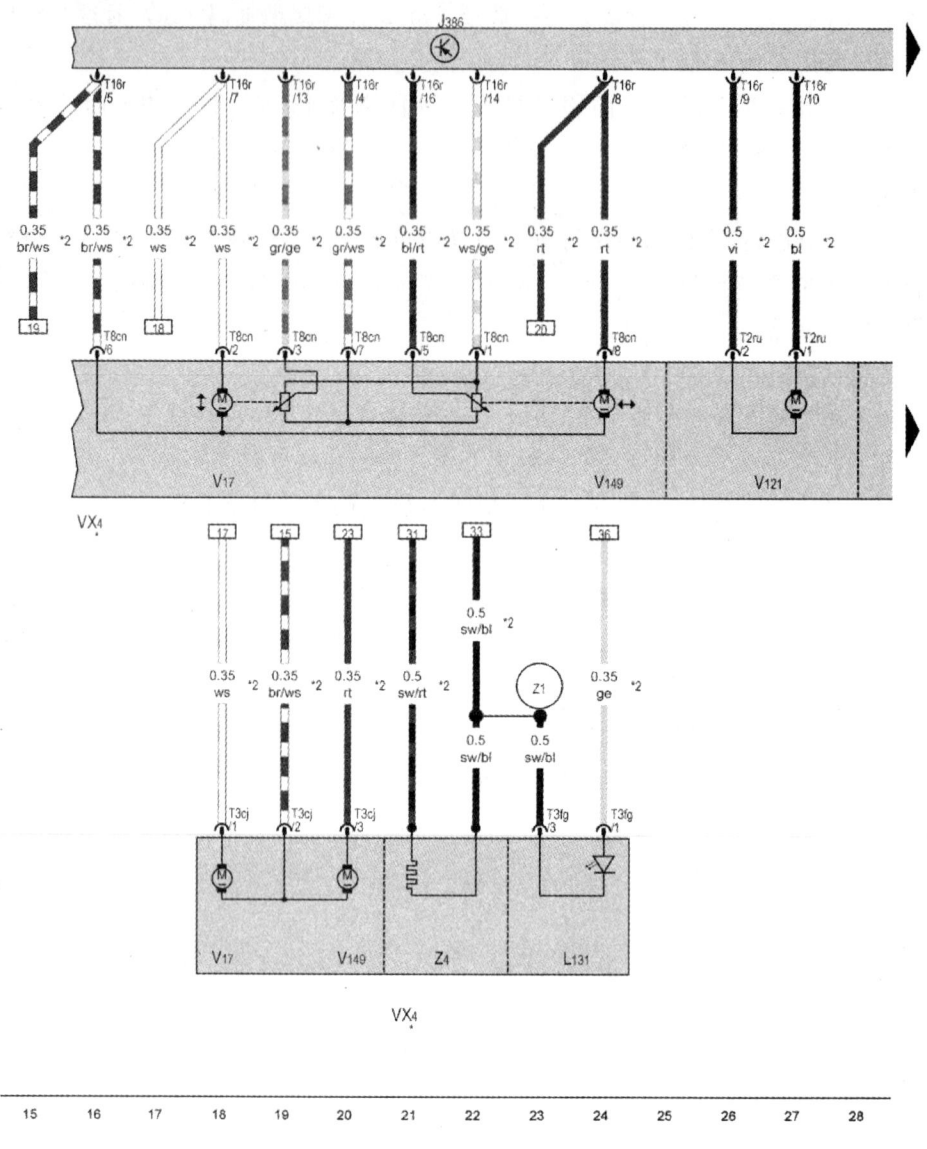

图5 左后视镜折叠电机电路

电路分析:

根据图5所示,V121驾驶员侧后视镜内折电机T2ru/1针脚接J386驾驶员侧车门控制单元T16r/10针脚,V121驾驶员侧后视镜内折电机T2ru/2针脚接J386驾驶员侧车门控制单元T16r/9针脚。

L131驾驶员侧外后视镜警告灯泡T3fg/1针脚连接至地址码36,根据断线代号法查找电路可知,连接至J386驾驶员侧车门控制单元T16r/11针脚,由J386驾驶员侧车门控制单元T16r/11针脚供电→L131驾驶员侧外后视镜警告灯泡的T3fg/1针脚→T3fg/3针脚→J386驾驶员侧车门控制单元T16r/3针脚,构成闭合回路。

项目一 汽车进入许可控制逻辑与故障检修

逻辑分析：

按下遥控钥匙开启和关闭车门时，防盗模块对钥匙身份进行验证，验证通过后，J519 车身控制单元发出指令控制执行器动作，将解锁或闭锁命令信息传至舒适系统 CAN 总线上，J386 驾驶员侧车门控制单元在舒适系统 CAN 总线上读取此解锁或闭锁命令信息后，控制 V121 驾驶员侧后视镜内折电机动作。

6. 左后车门控制单元供电电路

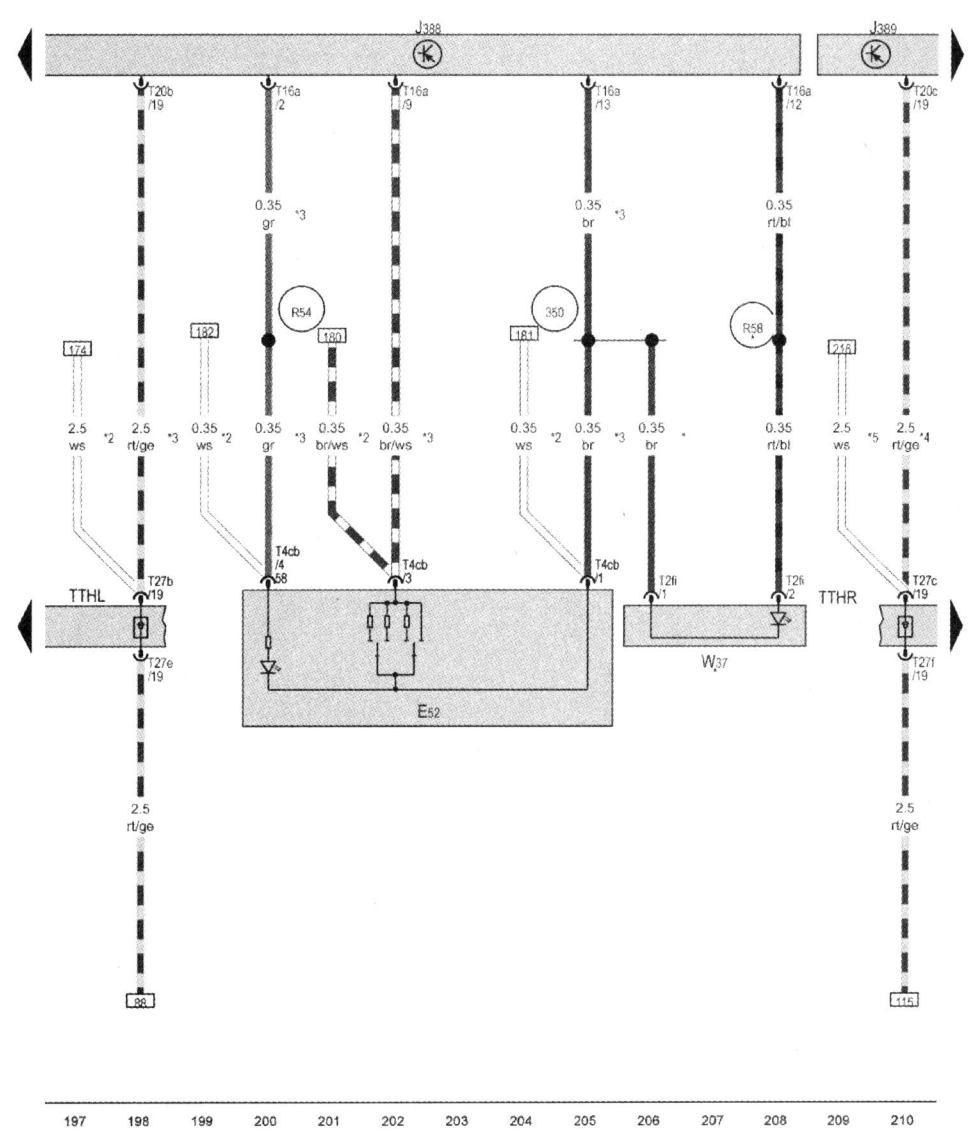

图 6 左后车门控制单元供电电路

电路分析：

根据图 6 所示，J388 左后车门控制单元的 T20b/19 针脚连接至地址码 88，通过断线代号法查找电路至 SC25 保险丝，通过书签保险丝配置进行查询，SC25 上游连

031

接至保险丝 SA4 至蓄电池正极。

7. 左后车门控制单元 LIN 线电路

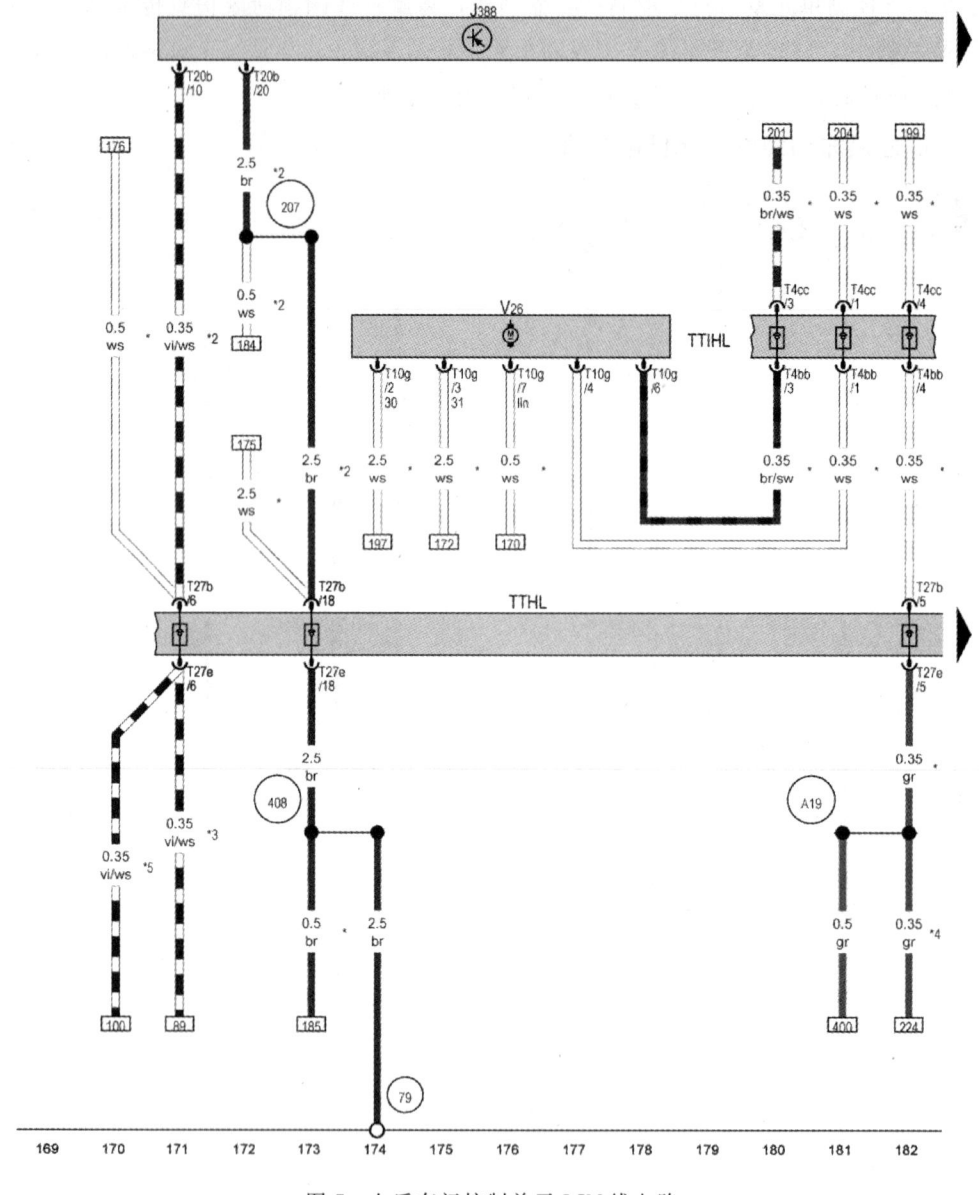

图 7 左后车门控制单元 LIN 线电路

电路分析：

根据图 7 所示，J388 左后车门控制单元的 T20b/10 针脚连接至地址码 89，通过断线代号法查找电路至 J386 左前车门控制单元的 T20/10 针脚。

逻辑分析：

按下遥控钥匙开启和关闭车门时，防盗模块对钥匙身份进行验证，验证通过后，发出指令信息，J388 左后车门控制单元在 LIN 线上读到此解锁或闭锁信息后，控制左后车门门锁电机解锁或闭锁。

8. 左后车门闭锁单元电路

图 8　左后车门闭锁单元电路

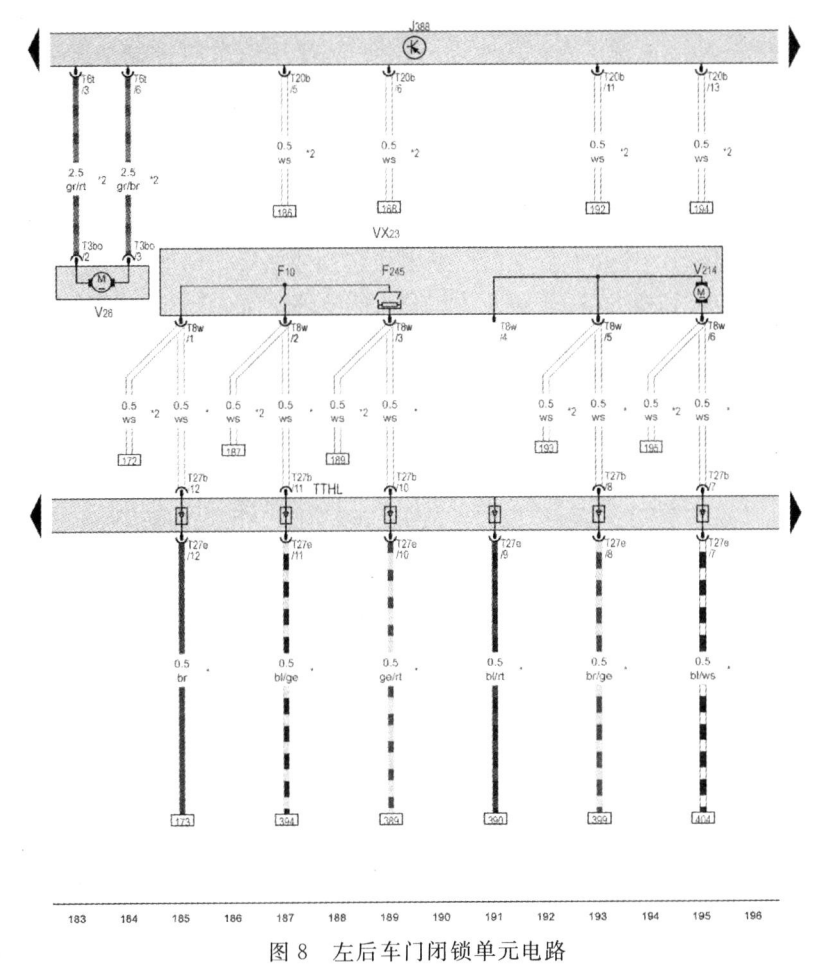

电路分析：

根据图 8 所示，V214 左后车门内中央门锁电机有两根线，一端经 T8w/6 针脚连接至地址码 195，通过断线代号法查找电路至 J388 左后车门控制单元的 T20b/13 针脚，另一端经 T8w/5 针脚连接至地址码 193，通过断线代号法查找电路至 J388 左后车门控制单元的 T20b/11 针脚。

F245 左后车门中央门锁 Safe 功能的执行元件有两根线，一端经 T8w/3 针脚连接至地址码 189，通过断线代号法查找电路至 J388 左后车门控制单元的 T20b/6 针脚，另一端经 T8w/1 针脚连接至地址码 172，通过断线代号法查找电路至 J388 左后车门控制单元的 T20b/20 针脚到 79 左侧 B 柱上的接地点。

F10 左后车门接触开关有两根线，一端经 T8w/2 针脚连接至地址码 187，通过断线代号法查找电路至 J388 左后车门控制单元的 T20b/5 针脚，另一端经 T8w/1 针脚连接至地址码 172，通过断线代号法查找电路至 J388 左后车门控制单元的 T20b/

20 针脚到 79 左侧 B 柱上的接地点。

逻辑分析：

按下遥控钥匙开启和关闭车门时，防盗模块对钥匙身份进行验证，验证通过后，J519 车身控制单元发出指令控制执行器动作，控制转向灯闪烁几次，并将解锁或闭锁命令信息传至舒适系统 CAN 总线上，J386 驾驶员侧车门控制单元在舒适系统 CAN 总线上读取此解锁或闭锁命令信息后，控制驾驶员侧车门内中央门锁 Safe 功能指示灯开关动作，熄灭和激活防盗指示灯，控制驾驶员侧车门门锁电机解锁或闭锁，同时唤醒 J386 驾驶员侧车门控制单元和 J388 左后车门控制单元之间的 LIN 线，将解锁或闭锁命令信息发送至 LIN 线上，J388 左后车门控制单元在 LIN 线上读到此解锁或闭锁信息后，控制左后车门门锁电机解锁或闭锁。

拉开和关闭车门时，车门接触开关动作，开关断开和闭合时，车门控制单元内部能监测到电路信号电压的改变，同时车门控制单元会将监测到的驾驶员侧车门接触开关开闭信号转换成信号电压传送至舒适系统 CAN 总线上或 LIN 线上，组合仪表控制单元读取此信息后，仪表会显示车门当前状态。

9. 副驾驶员侧车门控制单元电路

图 9　副驾驶员侧车门控制单元电路

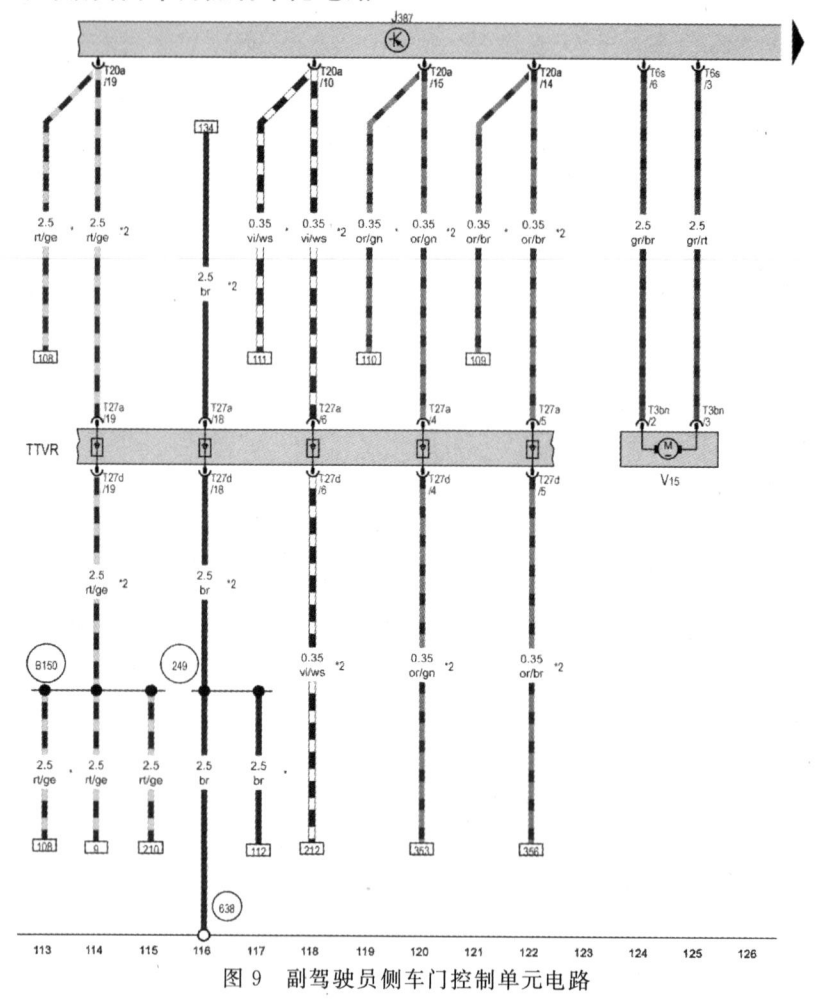

电路分析：

根据图 9 所示，J387 副驾驶员侧车门控制单元 T20a/19 针脚连接地址码 9，根据断线代号法查找电路可知，连接至保险丝 SC39，通过书签查找保险丝配置，找到保险丝 SC39 前端供电为 SA1 至蓄电池正极。

J387 副驾驶员侧车门控制单元 T20a/15 针脚连接地址码 353，根据断线代号法查找电路可知，连接至舒适/便捷系统 CAN-H 总线的主导线束中。

J387 副驾驶员侧车门控制单元 T20a/14 针脚连接地址码 356，根据断线代号法查找电路可知，连接至舒适/便捷系统 CAN-H 总线的主导线束中。

J387 副驾驶员侧车门控制单元 T20a/10 针脚连接地址码 212，根据断线代号法查找电路可知，连接至 J389 右后车门控制单元 T20c/10 针脚 LIN 线。

10. 副驾驶员车门闭锁单元电路

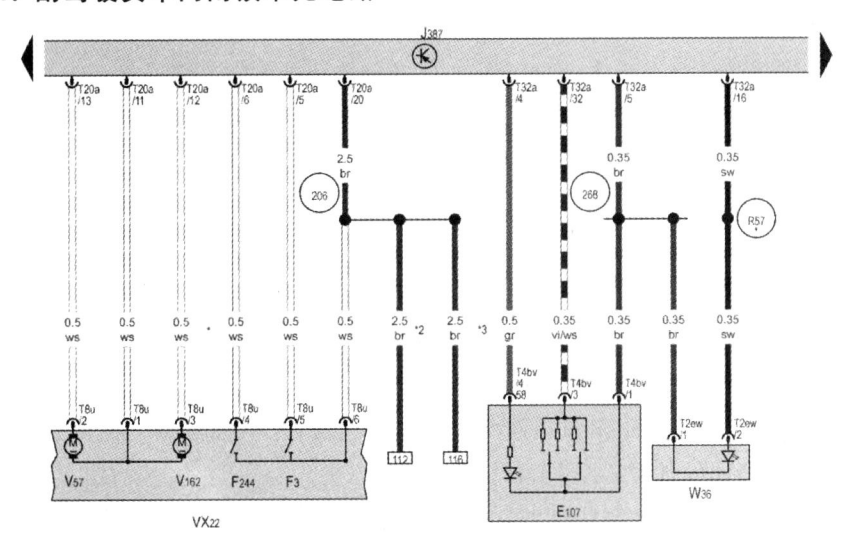

图 10　副驾驶员车门闭锁单元电路

电路分析：

根据图 10 所示，VX22 副驾驶员侧车门关闭单元有 6 根线，均连入 J387 驾驶员侧车门控制单元，VX22副驾驶员侧车门关闭单元包含副驾驶员侧车门接触开关和副驾驶员侧车门内中央门锁Safe功能指示灯开关，VX22副驾驶员侧车门关闭单元包含驾驶员侧车门内中央门锁电机和驾驶员侧车门内中央门锁Safe功能电机。

　　F3副驾驶员侧车门接触开关T8u/5针脚连接J387副驾驶员侧车门控制单元T20a/5针脚，另一端经T8u/6针脚接地址码116，通过断线代号法查找电路至638右侧A柱上的接地点，构成闭合回路。

　　F244副驾驶员侧车门内中央门锁Safe功能指示灯开关T8u/4针脚连接J387副驾驶员侧车门控制单元T20a/6针脚，另一端经T8u/6针脚接地址码116，通过断线代号法查找电路至638右侧A柱上的接地点，构成闭合回路。

　　V57副驾驶员侧车门内中央门锁电机T8u/2针脚一端接J387副驾驶员侧车门控制单元T20a/13针脚，另一端经T8u/1针脚接J387副驾驶员侧车门控制单元T20a/11针脚，构成回路。

　　V162副驾驶员侧车门内中央门锁Safe功能电机T8u/3针脚一端接J387副驾驶员侧车门控制单元T20a/12针脚，另一端经T8u/1针脚接J387副驾驶员侧车门控制单元T20a/11针脚，构成回路。

　　逻辑分析：

　　按下遥控钥匙开启和关闭车门时，防盗模块对钥匙身份进行验证，验证通过后，J519车身控制单元发出指令控制执行器动作，控制转向灯闪烁几次，将解锁或闭锁命令信息传至舒适系统CAN总线上，J387副驾驶员侧车门控制单元在舒适系统CAN总线上读取此解锁或闭锁命令信息后，控制副驾驶员侧车门门锁电机解锁或闭锁，唤醒J387副驾驶员侧车门控制单元和J389右后车门控制单元之间的LIN线，将解锁或闭锁命令信息发送至LIN线上。

　　拉开和关闭车门时，车门接触开关动作，开关断开和闭合时，车门控制单元内部能监测到电路信号电压的改变，同时车门控制单元会将监测到的驾驶员侧车门接触开关开闭信号转换成信号电压传送至舒适系统CAN总线上或LIN线上，组合仪表控制单元读取此信息后，仪表会显示车门当前状态。

11. 右后视镜折叠电机电路

图 11　右后视镜折叠电机电路

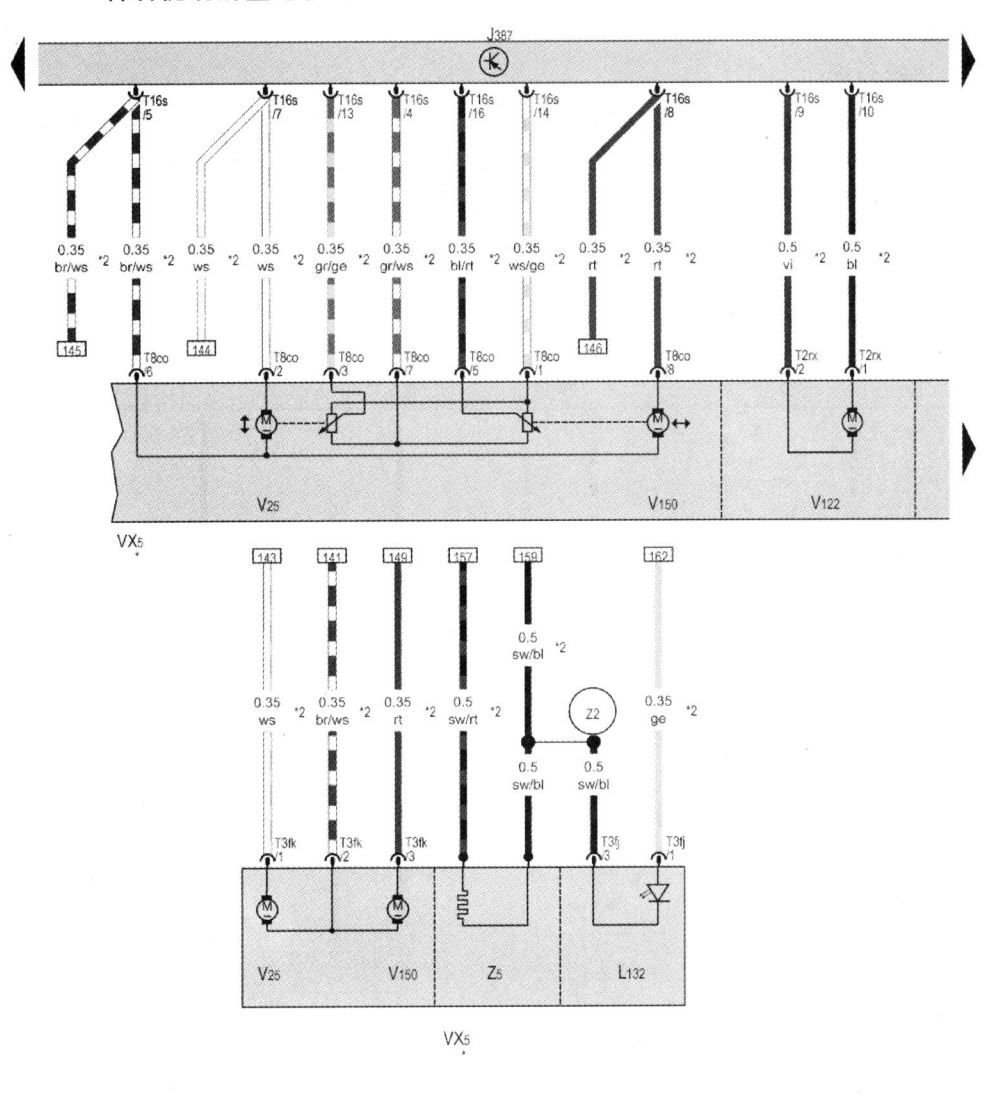

电路分析：

根据图 11 所示，V122 副驾驶员侧后视镜内折电机 T2rx/1 针脚接 J387 副驾驶员侧车门控制单元 T16s/10 针脚，V122 副驾驶员侧后视镜内折电机 T2rx/2 针脚接 J387 副驾驶员侧车门控制单元 T16s/9 针脚。

L132 副驾驶员侧外后视镜警告灯泡 T3fj/1 针脚，连接至地址码 162，根据断线代号法查找电路可知，连接至 J387 副驾驶员侧车门控制单元 T16s/11 针脚，由 J387 副驾驶员侧车门控制单元 T16s/11 针脚供电→L132 副驾驶员侧外后视镜警告灯泡的 T3fj/1 针脚→T3fj/3 针脚→J387 副驾驶员侧车门控制单元 T16s/3 针脚，构成闭合回路。

逻辑分析：

按下遥控钥匙开启和关闭车门时，防盗模块对钥匙身份进行验证，验证通过后，J519 车身控制单元发出指令控制执行器动作，将解锁或闭锁命令信息传至舒适系统 CAN 总线上，J386 驾驶员侧车门控制单元在舒适系统 CAN 总线上读取此解锁或闭锁命令信息后，控制 V122 副驾驶员侧后视镜内折电机动作。

12. 右后车门控制单元供电电路

图 12　右后车门控制单元供电电路

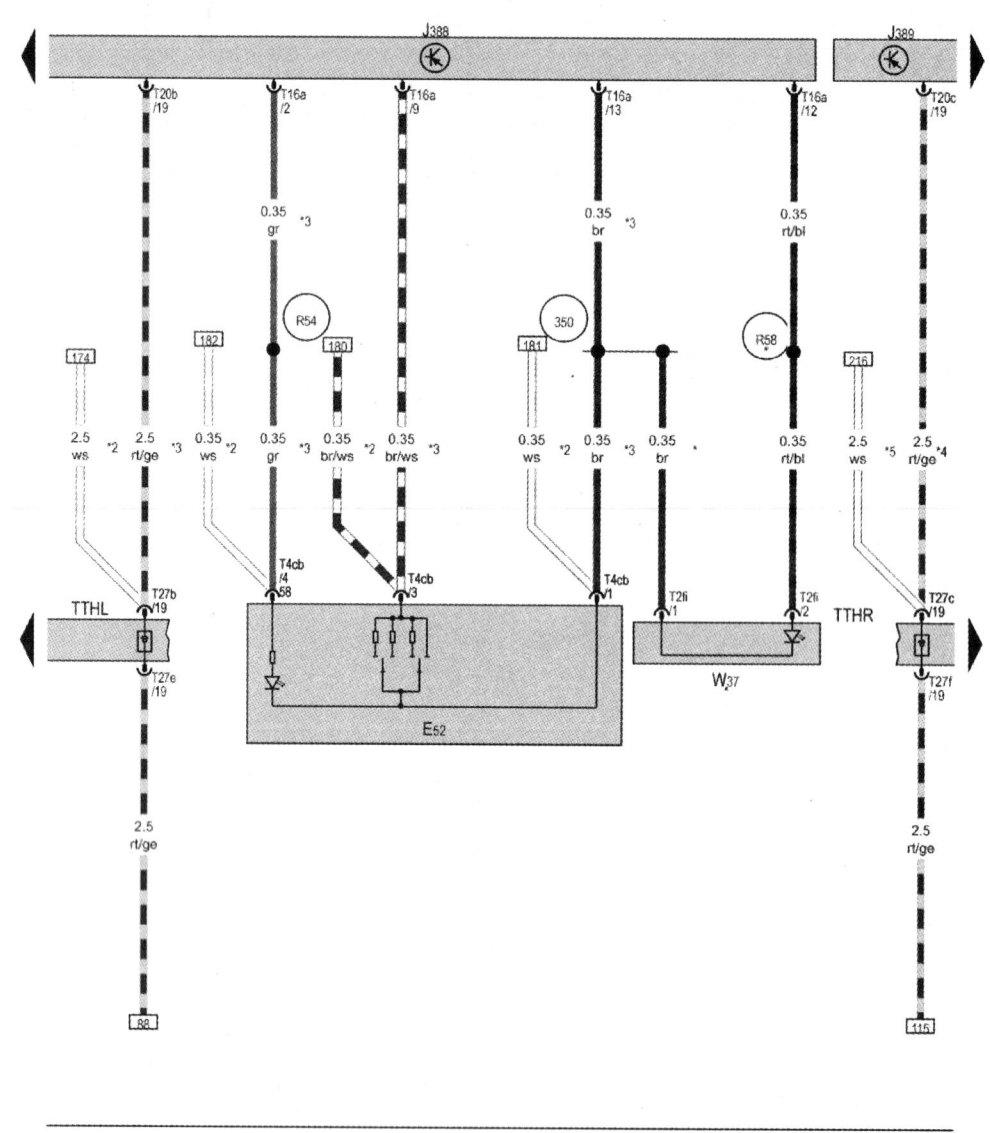

电路分析：

根据图 12 所示，J388 右后车门控制单元的 T20c/19 针脚连接至地址码 115，通过断线代号法查找电路至 SC39 保险丝，通过书签保险丝配置进行查询，SC39 上游连接至保险丝 SA1 至蓄电池正极。

13. 右后车门控制单元 LIN 线电路

图 13　右后车门控制单元 LIN 线电路

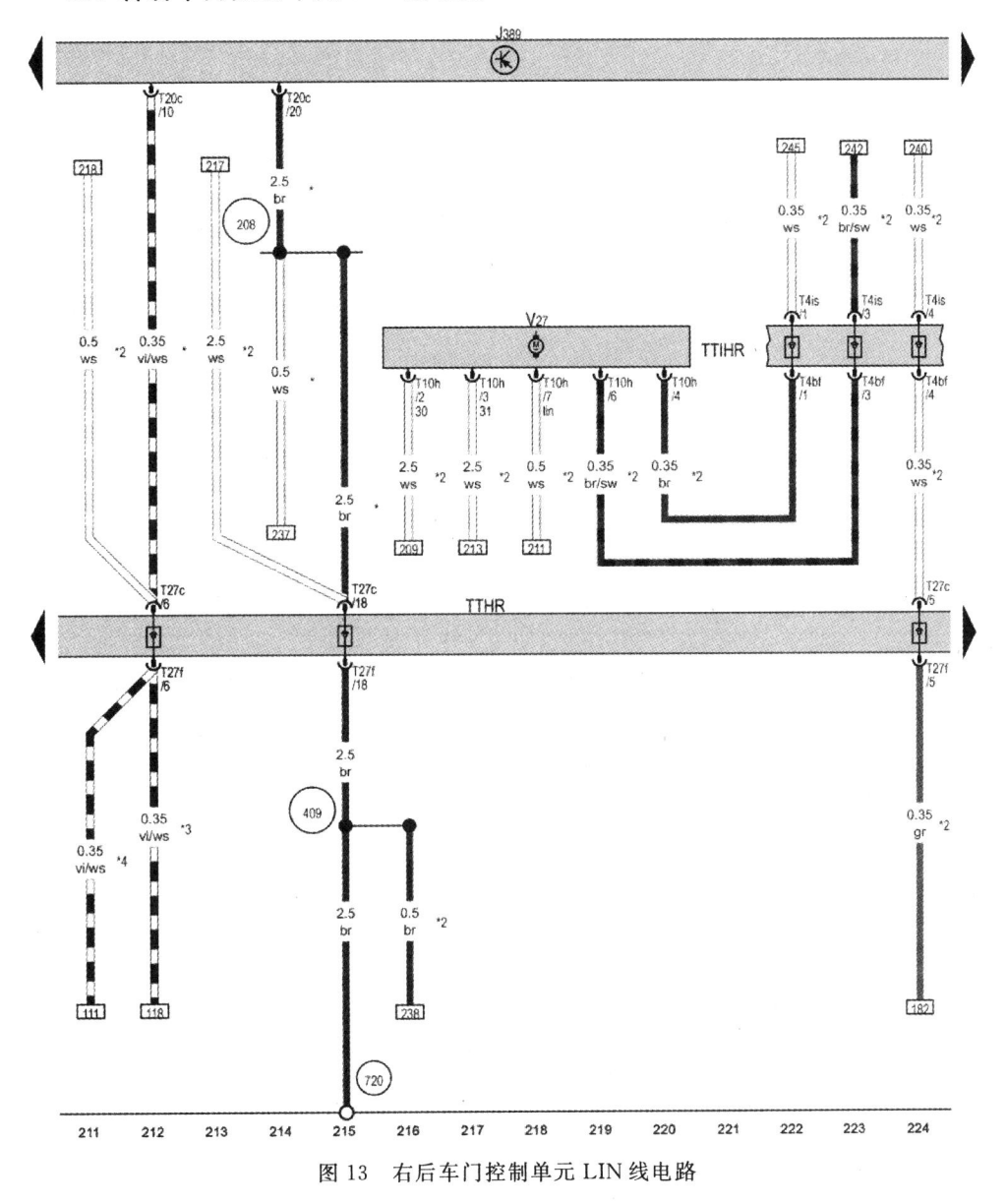

电路分析：

根据图 13 所示，J389 右后车门控制单元的 T20c/10 针脚连接至地址码 118，通过断线代号法查找电路至 J387 右前车门控制单元的 T20a/10 针脚。

逻辑分析：

按下遥控钥匙开启和关闭车门时，防盗模块对钥匙身份进行验证，验证通过后，发出指令信息，J389 右后车门控制单元在 LIN 线上读到此解锁或闭锁信息后，控制右后车门门锁电机解锁或闭锁。

14. 右后车门闭锁单元电路

图 14 右后车门闭锁单元电路

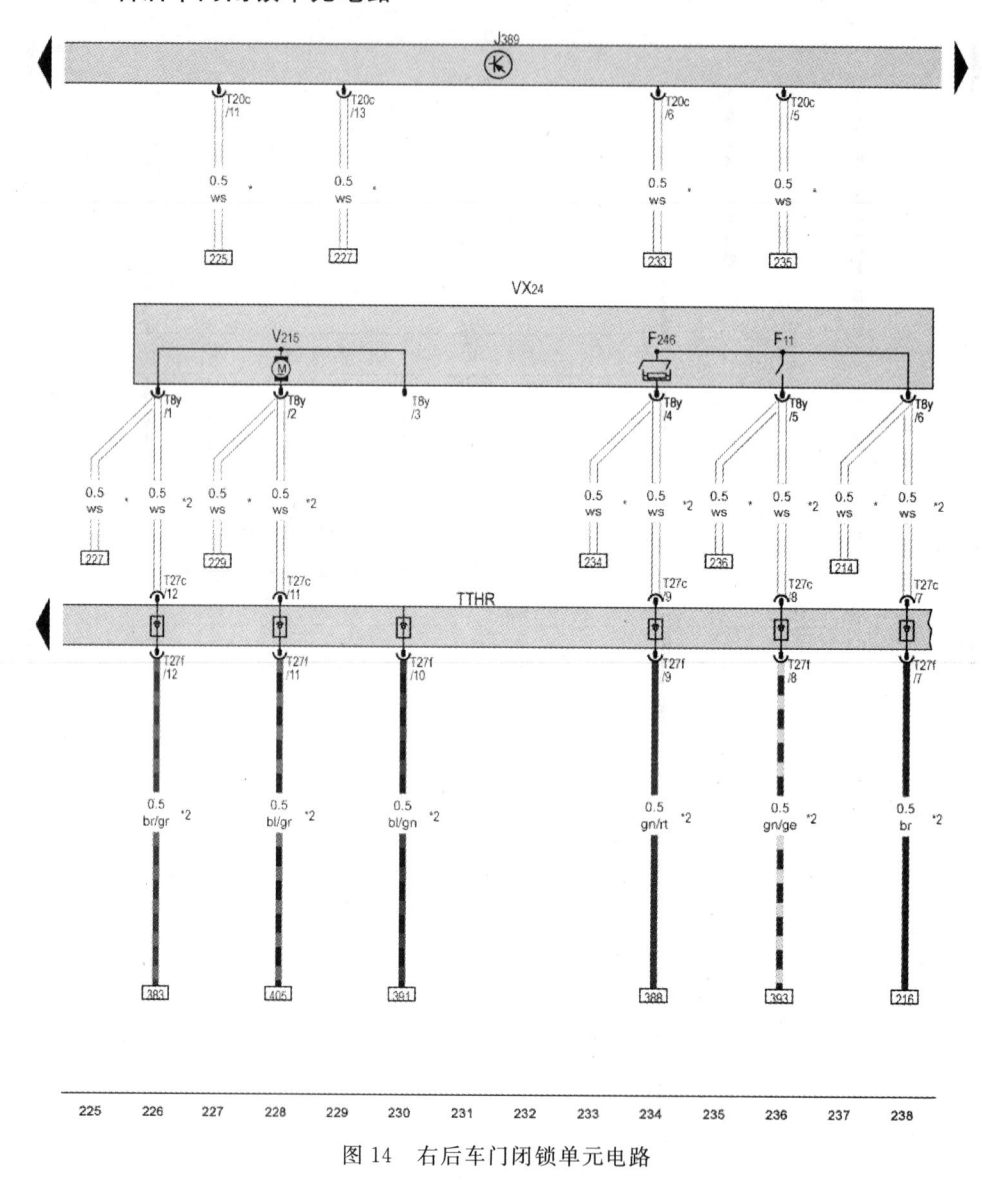

电路分析：

根据图 14 所示，车辆选用带右后车门控制单元的迈腾 B8 汽车进行分析，V215 右后车门内中央门锁电机有两根线，一端经 T8y/2 针脚连接至地址码 229，通过断线代号法查找电路至 J389 右后车门控制单元的 T20c/13 针脚，另一端经 T8y/1 针脚连接至地址码 227，通过断线代号法查找电路至 J389 右后车门控制单元的 T20c/11 针脚。

F246 右后车门中央门锁 Safe 功能的执行元件有两根线，一端经 T8y/4 针脚连接至地址码 234，通过断线代号法查找电路至 J389 右后车门控制单元的 T20c/6 针脚，另一端经 T8y/6 针脚连接至地址码 216，通过断线代号法查找电路至 J389 右后车门控制单元的 T20c/20 针脚到 720 右侧 B 柱上的接地点。

F11 右后车门接触开关有两根线，一端经 T8y/5 针脚连接至地址码 236，通过断线代号法查找电路至 J389 右后车门控制单元的 T20c/5 针脚，另一端经 T8y/6 针脚连接至地址码 216，通过断线代号法查找电路至 J389 右后车门控制单元的 T20c/20 针脚到 720 右侧 B 柱上的接地点。

逻辑分析：

按下遥控钥匙开启和关闭车门时，防盗模块对钥匙身份进行验证，验证通过后，J519 车身控制单元发出指令控制执行器动作，控制转向灯闪烁几次，并将解锁或闭锁命令信息传至舒适系统 CAN 总线上，J387 副驾驶员侧车门控制单元在舒适系统 CAN 总线上读取此解锁或闭锁命令信息后，控制副驾驶员侧车门门锁电机解锁或闭锁，唤醒 J387 副驾驶员侧车门控制单元和 J389 右后车门控制单元之间的 LIN 线，将解锁或闭锁命令信息发送至 LIN 线上，J389 右后车门控制单元在 LIN 线上读到此解锁或闭锁信息后，控制右后车门门锁电机解锁或闭锁。

拉开和关闭车门时，车门接触开关动作，开关断开和闭合时，车门控制单元内部能监测到电路信号电压的改变，同时车门控制单元会将监测到的驾驶员侧车门接触开关开闭信号转换成信号电压传送至舒适系统 CAN 总线上或 LIN 线上，组合仪表控制单元读取此信息后，仪表会显示车门当前状态。

15. 行李厢盖中中央门锁电机

图 15　行李厢盖中中央门锁电机

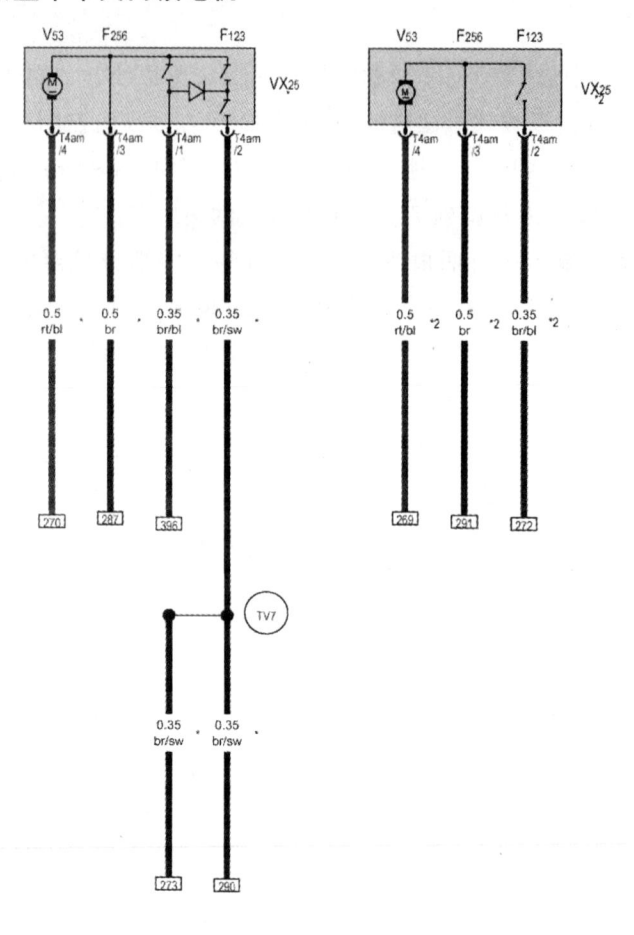

电路分析：

V53 行李厢盖中中央门锁电机一端经 T4am/4 针脚连接至地址码 270，根据断线代号法查找电路可知，连接至 J519 车载电网控制单元的 T73a/9 针脚，另一端经 T4am/3 针脚连接至地址码 287，根据断线代号法查找电路可知，连接至 729 左后轮罩上的接地点。

F123 行李厢盖中的防盗警报装置接触开关一端经 T4am/1 针脚连接至地址码 396，根据断线代号法查找电路可知，连接至 J519 车载电网控制单元的 T73a/52 针脚，另一端经 T4am/2 针脚连接至地址码 273，根据断线代号法查找电路可知，连接至 J519 车载电网控制单元的 T73a/53 针脚。

逻辑分析：

当按下遥控钥匙开锁或闭锁键时，防盗模块对钥匙身份进行验证，验证通过后，J519 车身控制单元发出指令控制执行器动作。对于行李厢盖的控制是 J519 车载电网控制单元通过 T73a/9 针脚发出开锁或闭锁的控制信号，控制 V53 行李厢盖中中央门锁电机进行解锁或闭锁动作，从而实现行李厢盖的开锁和闭锁。

16. 驾驶员侧的进入及启动系统天线电路

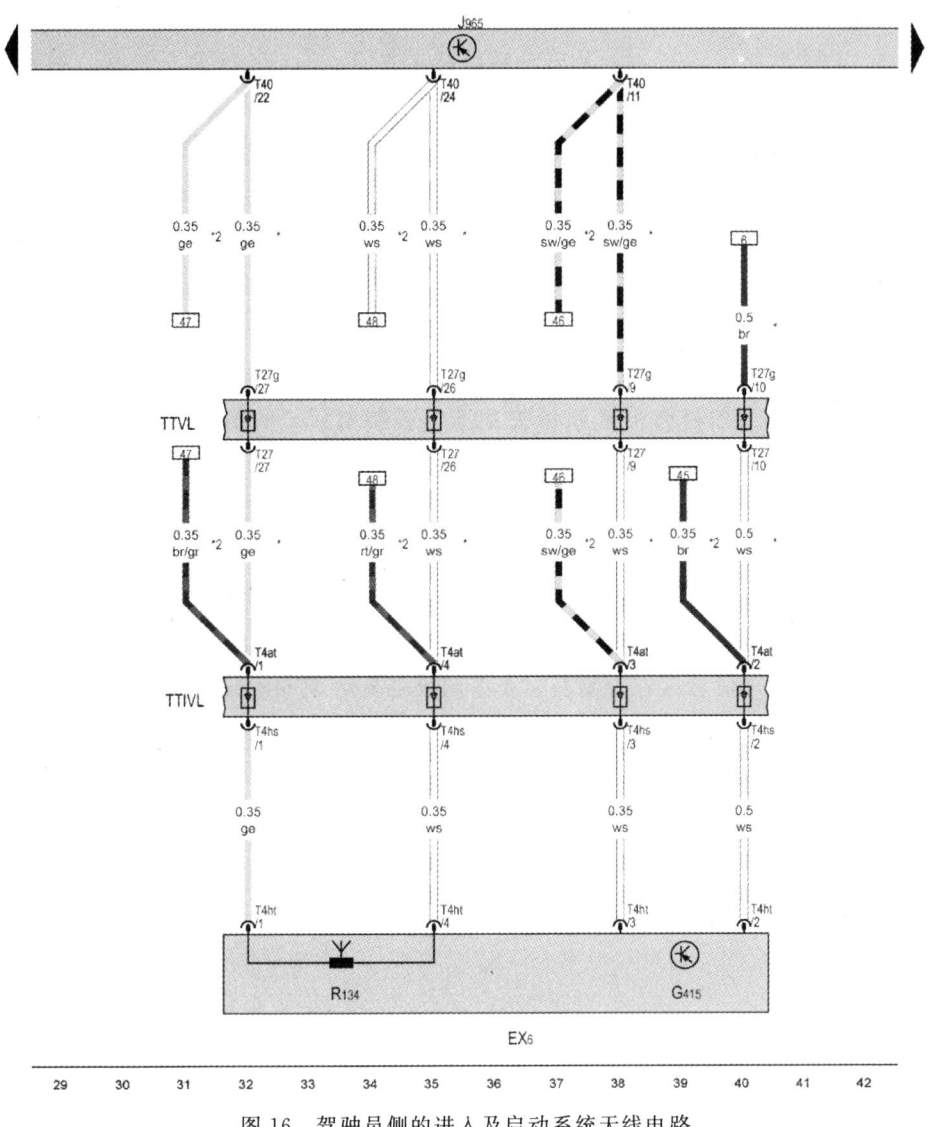

图 16　驾驶员侧的进入及启动系统天线电路

电路分析：

根据图 16 所示，G415 驾驶员侧车门外把手接触传感器由 J965 进入及启动系统接口的 T40/11 针脚供电至 G415 驾驶员侧车门外把手接触传感器 T4ht/3 针脚至 T4ht/2 针脚至 44 左侧 A 柱下部的接地点，构成回路。

R134 驾驶员侧的进入及启动系统天线 T4ht/4 针脚与 J965 进入及启动系统接口的 T40/24 针脚相连，R134 驾驶员侧的进入及启动系统天线 T4ht/1 针脚与 J965 进入及启动系统接口的 T40/22 针脚相连，构成闭合回路。

汽车逻辑电路分析与检测

逻辑分析：

当驾驶员操作 EX6 驾驶员侧车门外把手时，开锁或闭锁意图信息通过信号触发电路，J965 进入及启动系统接口的 T40/11 针脚→G415 驾驶员侧车门外把手接触传感器 T4ht/3→G415 驾驶员侧车门外把手接触传感器 T4ht/2→44 左侧 A 柱下部的接地点，构成回路。J965 进入及启动系统接口在 T40/11 针脚处，能够监测到信号电压改变，从而控制 R134 驾驶员侧的进入及启动系统天线发出低频找钥匙信号，遥控钥匙接收到此低频信号后，钥匙指示灯根据各自不同的设定会闪烁几次，钥匙对接收到的信息进行转换，发出高频信号至防盗控制模块进行钥匙身份验证。若验证通过后，J519 车载电网控制单元控制转向灯闪烁几次，将解锁或闭锁命令信息传至舒适系统 CAN 总线上，J386 驾驶员侧车门控制单元在舒适系统 CAN 总线上读取此解锁或闭锁命令信息后，控制驾驶员侧车门门锁电机解锁或闭锁，同时控制 V121 驾驶员侧后视镜内折电机和 V122 副驾驶员侧后视镜内折电机打开或折叠，唤醒 J386 驾驶员侧车门控制单元和 J388 左后车门控制单元之间的 LIN 线，将解锁或闭锁命令信息发送至 LIN 线上，J388 左后车门控制单元在 LIN 线上读到此解锁或闭锁信息后，控制左后车门门锁电机解锁或闭锁，副驾驶员侧车门控制单元在舒适系统 CAN 总线上读取此解锁或闭锁命令信息后，控制副驾驶员侧车门门锁电机解锁或闭锁，唤醒 J387 副驾驶员侧车门控制单元和 J389 右后车门控制单元之间的 LIN 线，将解锁或闭锁命令信息发送至 LIN 线上，J389 右后车门控制单元在 LIN 线上读到此解锁或闭锁信息后，控制右后车门门锁电机解锁或闭锁，同时控制 V53 行李厢盖内中央门锁电机解锁或闭锁。

17. 副驾驶员侧的进入及启动系统天线电路

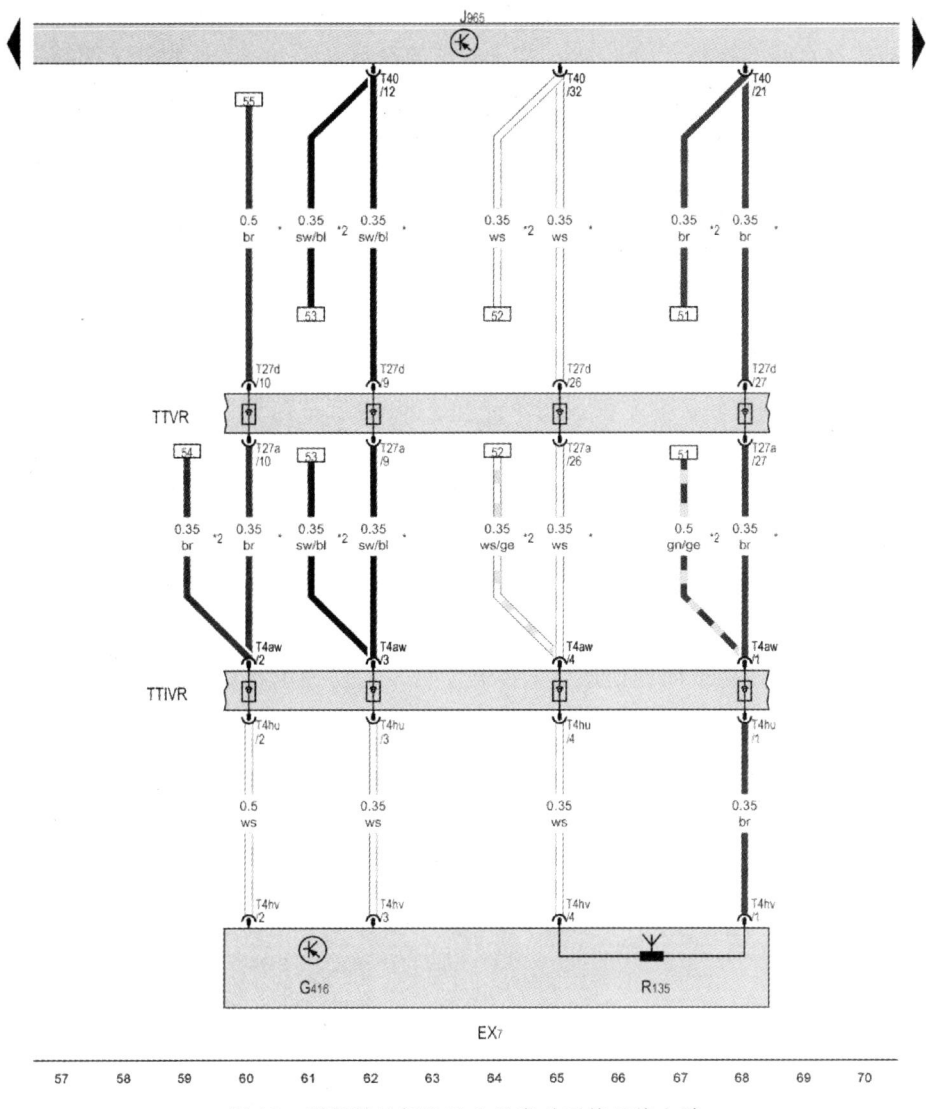

图 17　副驾驶员侧的进入及启动系统天线电路

电路分析：

根据图 17 所示，G416 副驾驶员侧车门外把手接触传感器由 J965 进入及启动系统接口的 T40/12 针脚供电至 EX7 副驾驶员车门外把手的 G416 副驾驶员侧车门外把手接触传感器 T4hv/3 针脚到 T4hv/2 针脚至 638 右 A 柱上的接地点，构成回路。

R135 副驾驶员侧的进入及启动系统天线 T4hv/4 针脚与 J965 进入及启动系统接口的 T40/32 针脚相连，R135 副驾驶员侧的进入及启动系统天线 T4hv/1 针脚与 J965 进入及启动系统接口的 T40/21 针脚相连，构成闭合回路。

逻辑分析：

当驾驶员操作 EX7 副驾驶员侧车门外把手时，开锁或闭锁意图信息通过信号触发电路接通 J965 进入及启动系统接口的 T40/12 针脚→G416 副驾驶员侧车门外把手接触传感器 T4hv/3→G416 副驾驶员侧车门外把手接触传感器 T4hv/2→638 右侧 A 柱上的接地点间的线路。J965 进入及启动系统接口在 T40/12 针脚处，能够监测到信号电压改变，从而控制 R135 副驾驶员侧的进入及启动系统天线发出低频找钥匙信号，遥控钥匙接收到此低频信号后，钥匙指示灯根据各自不同的设定会闪烁几次，钥匙对接收到的信息进行转换，发出高频信号至防盗控制模块进行钥匙身份验证。

若验证通过后 J519 车载电网控制单元控制转向灯闪烁几次，将解锁或闭锁命令信息传至舒适系统 CAN 总线上，J387 副驾驶员侧车门控制单元在舒适系统 CAN 总线上读取此解锁或闭锁命令信息后，控制副驾驶员侧车门门锁电机解锁或闭锁，同时控制 V121 驾驶员侧后视镜内折电机和 V122 副驾驶员侧后视镜内折电机打开或折叠；唤醒 J387 副驾驶员侧车门控制单元和 J389 右后车门控制单元之间的 LIN 线，将解锁或闭锁命令信息发送至 LIN 线上，J389 右后车门控制单元在 LIN 线上读到此解锁或闭锁信息后，控制右后车门门锁电机解锁或闭锁；J386 驾驶员侧车门控制单元在舒适系统 CAN 总线上读取此解锁或闭锁命令信息后，控制驾驶员侧车门门锁电机解锁或闭锁，唤醒 J386 驾驶员侧车门控制单元和 J388 左后车门控制单元之间的 LIN 线，将解锁或闭锁命令信息发送至 LIN 线上，J388 左后车门控制单元在 LIN 线上读到此解锁或闭锁信息后，控制左后车门门锁电机解锁或闭锁，同时控制 V53 行李厢盖内中央门锁电机解锁或闭锁。

当操作左后车门或者右后车门门把手时和上述原理一样，这里不再详述。

18. 行李厢盖把手中的解锁按钮电路

图 18 行李厢盖把手中的解锁按钮电路

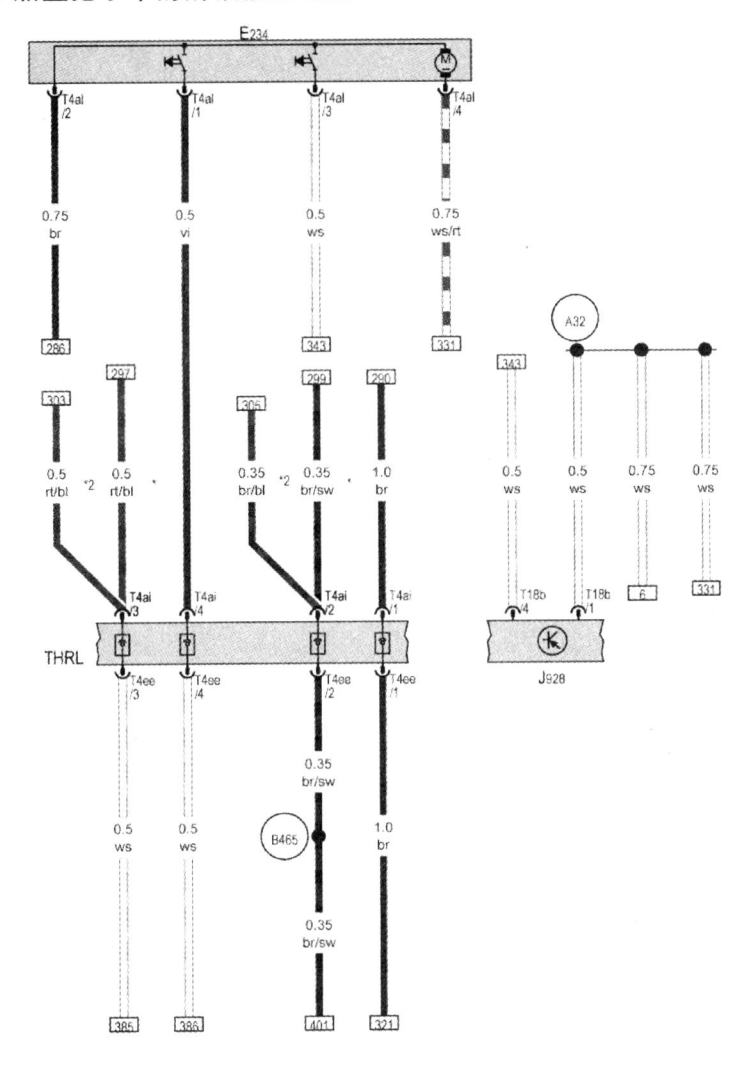

电路分析：

根据图 18 所示，E234 行李厢盖把手中的解锁按钮的 T4al/1 针脚连接地址码 386，根据断线代号法查找电路可知，连接至 J519 车载电网控制单元的 T73a/9 针脚。E234 行李厢盖把手中的解锁按钮的 T4al/2 针脚连接地址码 286，根据断线代号法查找电路可知，连接至 72 左后轮罩上的接地点 9。E234 行李厢盖把手中的解锁按钮的 T4al/4 针脚连接地址码 331，根据断线代号法查找电路可知，连接至保险丝 SC8，根据保险丝配置进行电路查找，上游连接保险丝 SA1 至蓄电池正极。

当操作 E234 行李厢盖把手中的解锁按钮时，J519 车载电网控制单元的 T73a/9

针脚处接收到信号的变化以及驾驶员的开锁或闭锁意图，控制天线发出找钥匙信号。

19. 后保险杠中的进入及启动系统天线电路

图 19　后保险杠中的进入及启动系统天线电路

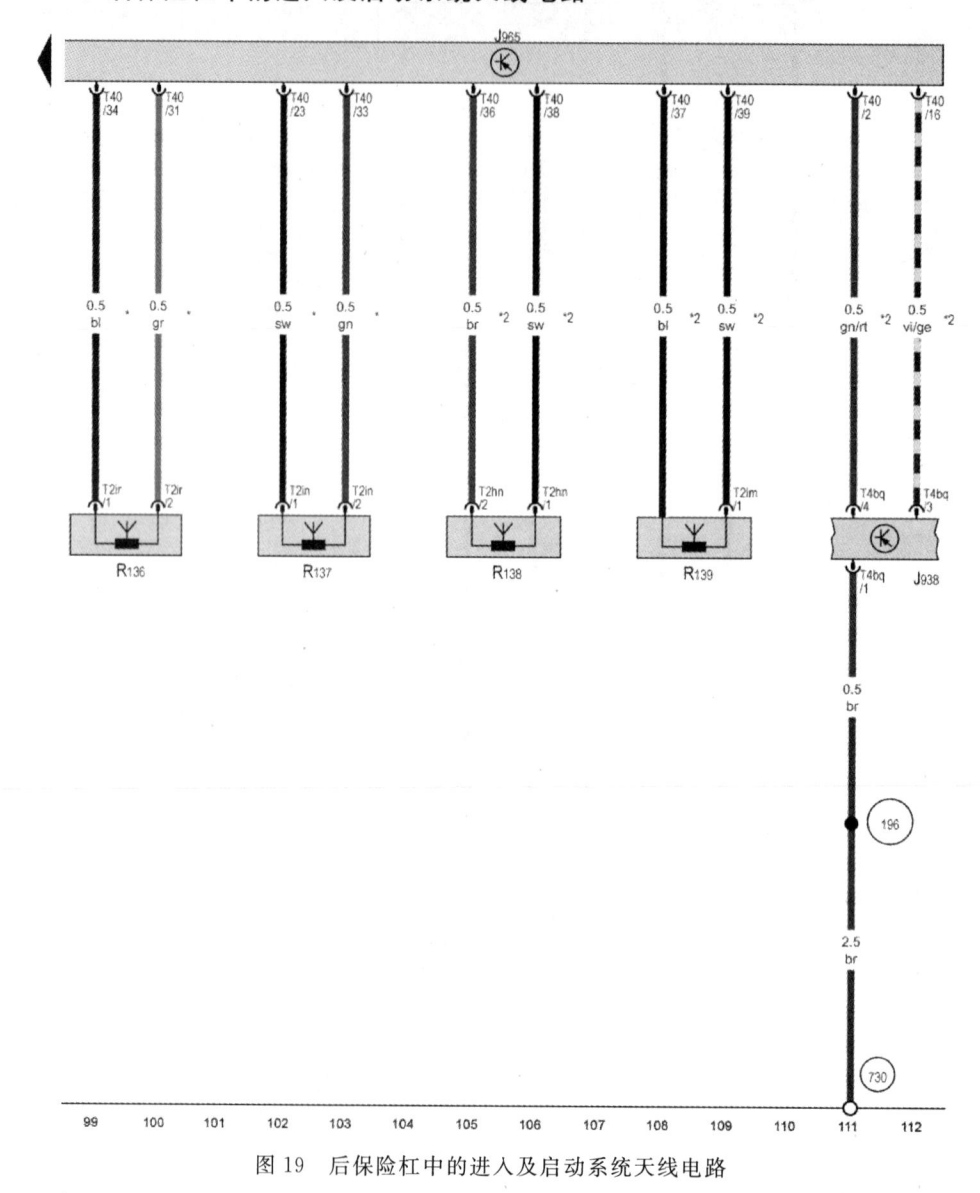

电路分析：

根据图 19 所示，R136 后保险杠中的进入及启动系统天线针脚 T2ir/1 与 J965 进入及启动系统接口的 T40/34 针脚相连，R136 后保险杠内中的进入及启动系统天线针脚 T2ir/2 与 J965 进入及启动系统接口的 T40/31 针脚相连，构成闭合回路。

逻辑分析：

当驾驶员携带车辆遥控钥匙在规定范围内操作 E234 尾门把手中的解锁或闭锁按钮时，驾驶员开门意图信息通过信号触发电路告知 J519 车载电网控制单元，唤醒舒适系统 CAN 总线，并将解锁或闭锁请求信号发送至总线上，J965 进入及启动系统接口通过 CAN 总线读取到开锁或闭锁请求信息后，控制 R136 后部保险杠中的进入及启动系统天线发出低频找钥匙信号，遥控钥匙接收到此低频信号后，钥匙指示灯根据各自不同的设定会闪烁几次，钥匙对接收到的信息进行转换，发出高频信号。遥控钥匙发出高频带有钥匙身份的信号至 J519 车载电网控制单元，此时 J519 车载电网控制单元对所接收到的钥匙的身份信息进行验证，若验证是合法钥匙，会执行指令动作，控制 V53 后备厢内中央门锁电机解锁或闭锁。

任务实施

>>>场地准备

实训车间理实一体化教室

>>>设备准备

2017 款，1.8 升 Magotan B7L 汽车

实操任务 1.1 机械钥匙开锁和闭锁

【实操车型】2017 款，1.8 升 Magotan B7L 汽车

【实操要求】实训教师带领学生分组实操，使用 Magotan B7L 实训车辆用机械钥匙开锁和闭锁车辆。

【实操流程】

1. 将驾驶员侧门把手装饰小盖板拆下，将机械钥匙插入驾驶员侧车门锁孔，正向旋转机械钥匙解锁车辆，观察此时防盗指示灯，车辆的转向灯，转向指示灯，后视镜折叠电机能否打开和车辆报警器等状态。

2. 操作车辆的四个车门，查看车门是否能开锁。

3. 操作车辆尾门，查看是否能开锁。

4. 操作油箱盖，查看是否能开锁。

5. 将机械钥匙插入驾驶员侧车门锁孔，反向旋转闭锁车辆，观察此时车辆的转向灯，转向指示灯，后视镜折叠电机能否打开和车辆报警器等状态。

6. 操作车辆的四个车门，查看车门是否能闭锁。

7. 操作车辆尾门，查看是否能闭锁。

8. 操作油箱盖，查看是否能闭锁。

9. 将副驾驶员侧门把手装饰小盖板拆下，将机械钥匙插入副驾驶员侧车门锁孔，旋转机械钥匙解锁和闭锁车辆时，观察上述步骤中的现象及各操作步骤。

实操任务 1.2 遥控钥匙开锁和闭锁

【实操车型】2017 款，1.8 升 Magotan B7L 汽车

【实操要求】实训教师带领学生分组实操，使用 Magotan B7L 实训车辆遥控钥匙开锁和闭锁车辆。

【实操流程】

1. 操作遥控钥匙的开锁键，观察此时遥控钥匙指示灯闪烁情况，防盗指示灯，车辆的转向灯，转向指示灯，后视镜折叠电机能否打开和车辆报警器等状态。

2. 操作车辆的四个车门，查看车门是否能开锁。

3. 操作车辆尾门，查看是否能开锁。

4. 操作油箱盖，查看是否能开锁。

5. 操作遥控钥匙的闭锁键，观察此时遥控钥匙指示灯闪烁情况，防盗指示灯，车辆的转向灯，转向指示灯，后视镜折叠电机能否折叠和车辆报警器等状态。

6. 操作车辆的四个车门，查看车门是否能闭锁。

7. 操作车辆尾门，查看是否能闭锁。

8. 操作油箱盖，查看是否能闭锁。

9. 操作遥控钥匙的行李箱开锁或闭锁键，观察此时遥控钥匙指示灯闪烁情况，防盗指示灯，车辆的转向灯，转向指示灯，后视镜折叠电机能否打开和车辆报警器等状态。

10. 操作车辆的四个车门，查看车门是否能开锁或闭锁。

11. 操作车辆尾门，查看是否能开锁或闭锁。

12. 操作油箱盖，查看是否能开锁或闭锁。

13. 长按遥控钥匙的开锁或闭锁键，观察此时遥控钥匙指示灯闪烁情况，防盗指示灯，车辆的转向灯，转向指示灯，后视镜折叠电机能否打开和车辆报警器等状态。

14. 查看各车窗和天窗的状态。

实操任务1.3　无钥匙开锁和闭锁

【实操车型】2017款，1.8升Magotan B7L汽车

【实操要求】实训教师带领学生分组实操，使用Magotan B7L实训车辆无钥匙开锁和闭锁车辆。

【实操流程】

1. 操作车辆的四个车门把手开门，观察此时遥控钥匙指示灯闪烁情况，防盗指示灯，车辆的转向灯，转向指示灯，后视镜折叠电机能否打开和车辆报警器等状态。

2. 操作车辆的四个车门把手开门，查看车门是否能开锁。

3. 操作车辆尾门把手开门，查看是否能开锁。

4. 操作油箱盖，查看是否能开锁。

5. 操作车辆的四个车门把手锁门，观察此时遥控钥匙指示灯闪烁情况，防盗指示灯，车辆的转向灯，转向指示灯，后视镜折叠电机能否折叠和车辆报警器等状态。

6. 操作车辆的四个车门把手锁门，查看车门是否能闭锁。

7. 操作车辆尾门把手锁门，查看是否能闭锁。

8. 操作油箱盖，查看是否能闭锁。

9. 操作行李箱把手开锁或闭锁键，看是否能开锁或闭锁。

实操任务1.4　机械钥匙开锁和闭锁

【实操车型】2017款，1.8升Magotan B8L汽车

【实操要求】实训教师带领学生分组实操，使用Magotan B8L实训车辆用机械钥匙开锁和闭锁车辆。

【实操流程】

1. 将驾驶员侧门把手装饰小盖板拆下，将机械钥匙插入驾驶员侧车门锁孔，正向旋转机械钥匙解锁车辆，观察此时防盗指示灯，车辆的转向灯，转向指示灯，后视镜折叠电机能否打开和车辆报警器等状态。

2. 操作车辆的四个车门，查看车门是否能开锁。

3. 操作车辆尾门，查看是否能开锁。

4. 操作油箱盖，查看是否能开锁。

5. 将机械钥匙插入驾驶员侧车门锁孔，反向旋转机械钥匙闭锁车辆，观察此时车辆的转向灯，转向指示灯，后视镜折叠电机能否打开和车辆报警器等状态。

6. 操作车辆的四个车门，查看车门是否能闭锁。

7. 操作车辆尾门，查看是否能闭锁。

8. 操作油箱盖，查看是否能闭锁。

9. 将副驾驶员侧门把手装饰小盖板拆下，将机械钥匙插入副驾驶员侧车门锁孔，旋转机械钥匙解锁和闭锁车辆时，观察上述步骤中的现象及各操作步骤。

实操任务 1.5　遥控钥匙开锁和闭锁

【实操车型】2017 款，1.8 升 Magotan B8L 汽车

【实操要求】实训教师带领学生分组实操，使用 Magotan B8L 实训车辆遥控钥匙开锁和闭锁车辆。

【实操流程】

1. 操作遥控钥匙的开锁键，观察此时遥控钥匙指示灯闪烁情况，防盗指示灯，车辆的转向灯，转向指示灯，后视镜折叠电机能否打开和车辆报警器等状态。

2. 操作车辆的四个车门，查看车门是否能开锁。

3. 操作车辆尾门，查看是否能开锁。

4. 操作油箱盖，查看是否能开锁。

5. 操作遥控钥匙的闭锁键，观察此时遥控钥匙指示灯闪烁情况，防盗指示灯，车辆的转向灯，转向指示灯，后视镜折叠电机能否折叠和车辆报警器等状态。

6. 操作车辆的四个车门，查看车门是否能闭锁。

7. 操作车辆尾门，查看是否能闭锁。

8. 操作油箱盖，查看是否能闭锁。

9. 操作遥控钥匙的行李箱开锁或闭锁键，观察此时遥控钥匙指示灯闪烁情况，防盗指示灯，车辆的转向灯，转向指示灯，后视镜折叠电机能否打开和车辆报警器等状态。

10. 操作车辆的四个车门，查看车门是否能开锁或闭锁。

11. 操作车辆尾门，查看是否能开锁或闭锁。

12. 操作油箱盖，查看是否能开锁或闭锁。

13. 长按遥控钥匙的开锁或闭锁键，观察此时遥控钥匙指示灯闪烁情况，防盗

指示灯，车辆的转向灯，转向指示灯，后视镜折叠电机能否打开和车辆报警器等状态。

14．查看各车窗和天窗的状态。

实操任务 1.6　无钥匙开锁和闭锁

【实操车型】2017 款，1.8 升 Magotan B8L 汽车

【实操要求】实训教师带领学生分组实操，使用 Magotan B8L 实训车辆无钥匙开锁和闭锁车辆。

【实操流程】

1．操作车辆的四个车门把手开门，观察此时遥控钥匙指示灯闪烁情况，防盗指示灯，车辆的转向灯，转向指示灯，后视镜折叠电机能否打开和车辆报警器等状态。

2．操作车辆的四个车门把手开门，查看车门是否能开锁。

3．操作车辆尾门把手开门，查看是否能开锁。

4．操作油箱盖，查看是否能开锁。

5．操作行李箱把手，查看是否能开锁。

6．操作车辆的四个车门把手锁门，观察此时遥控钥匙指示灯闪烁情况，防盗指示灯，车辆的转向灯，转向指示灯，后视镜折叠电机能否折叠和车辆报警器等状态。

7．操作车辆的四个车门把手锁门，查看车门是否能闭锁。

8．操作车辆尾门把手锁门，查看是否能闭锁。

9．操作油箱盖，查看是否能闭锁。

10．操作行李箱把手，查看是否闭锁。

汽车逻辑电路分析与检测

项目总结

本项目的学习重点为进入许可控制逻辑的概念认知、元件功能的分析介绍及控制逻辑的学习和理解，需掌握进入许可控制逻辑、大众电路图的识读方法、检测设备的规范使用及相关使用注意事项。

项目考核/项目评价/项目拓展——实训性质

	自我评价			小组评价			教师评价		
	10—9	8—6	5—1	10—9	8—6	5—1	10—9	8—6	5—1
	占总评10%			占总评30%			占总评60%		
学习活动									
协作精神									
纪律观念									
表达能力									
工作态度									
安全意识									
总体表现									
小计									
总评									

项目二 汽车上电许可控制逻辑与故障检修

学习目标

▶知识目标

1. 掌握迈腾 B7 汽车上电许可控制逻辑与检修。
2. 掌握迈腾 B8 汽车上电许可控制逻辑与检修。

▶技能目标

1. 通过对迈腾 B7 汽车上电许可控制逻辑的学习,能检修相关故障。
2. 通过对迈腾 B8 汽车上电许可控制逻辑的学习,能检修相关故障。

工作任务

任务 1　汽车上电许可控制逻辑与检修。
任务 2　迈腾 B7 汽车上电许可控制逻辑与检修。
任务 3　迈腾 B8 汽车上电许可控制逻辑与检修。

任务1 汽车上电许可控制逻辑与检修

该任务主要了解汽车上电许可的概念，掌握汽车上电许可控制逻辑认知及功能，能够熟悉了解汽车上电过程在汽车电路发展历史上的演变。

知识准备

一、汽车上电许可概念认知

汽车传统电路当中，汽车防盗系统的作用主要是利用汽车遥控器发射频率信号，由汽车电线接收频率信号，汽车防盗控制单元分析频率信号，解读钥匙防盗信息，匹配防盗数据，若匹配成功，则通过车身控制单元控制门锁总成打开或关闭，从而实现汽车防盗功能。若匹配不成功，则通过车身控制单元控制防盗警报系统工作，从而实现汽车警报报警功能。在之前的章节中已经详细讲述了车辆进入许可的控制逻辑及相关的电路分析，本章节主要讲解车辆外部防盗验证通过后，进入车辆，按下点火开关后的上电过程，该上电过程我们称之为15号上电过程。

当车辆外部防盗系统解除后，若此时驾驶员打开车门，车身控制单元检测车门处于打开状态，当按下一键启动按钮或者将遥控钥匙嵌入点火开关槽内推动（依据车辆型号的不同车内上电操作方式不同，操作方式依车型而定）时，进入防盗系统的另一套控制逻辑，即汽车15号上电控制逻辑。

二、汽车上电许可分析

打开点火开关前，方向盘解锁车型：

当驾驶员打开驾驶侧车门进入车辆内部，在打开车门的一瞬间，车身控制单元检测到车门状态由关闭状态变为打开状态，车身控制单元会根据该车门状态信号，触发点亮仪表控制系统的车门开关状态显示系统，此时，仪表上车门开关状态显示系统显示驾驶侧车门处于打开状态。当车门关闭时，该信号还会触发车内防盗天线发射低频信号，尝试与钥匙的天线进行通信，该低频信号发射距离一般为1 m，频率通常为80 Hz。

若在一定时间内，车内防盗天线与钥匙天线完成通信功能，则钥匙天线会将钥匙防盗信息发送给汽车防盗模块，防盗模块验证钥匙信息的合法性，若合法，则下达解除方向盘解锁指令。方向盘锁止控制单元收到该指令后，会通过电机解锁方向盘机械锁止系统，并在方向盘机械锁止系统解除后，将方向盘机械锁止系统已经解除的信息发送至防盗控制模块，此时，车辆完成方向盘机械锁止解除动作。

若在一定时间内，车内防盗天线未能与钥匙天线完成通信功能，则车辆防盗控制单元、车身控制单元等控制单元会进入休眠待命状态，方向盘机械锁止装置不解除。直到驾驶员有新的动作重新触发启动控制逻辑，车内天线重新与钥匙天线通信，完成钥匙信息的合法性验证动作，方向盘机械锁止装置才能解除。

方向盘机械锁止装置解除锁止状态后，此时车辆完成启动许可控制逻辑中的第一层逻辑——防盗验证逻辑，其标志性的动作就是方向盘机械锁止装置解除锁止。

当驾驶员进入车辆后，打开点火开关或按压一键启动按钮，此时车辆进入低压上电系统，该过程的标志性动作是仪表点亮并开始自检。

打开点火开关后，方向盘解锁车型：

当驾驶员打开驾驶侧车门进入车辆内部，此时，在打开车门的一瞬间，车身控制单元检测到车门状态由关闭状态变为打开状态，车身控制单元会根据该车门状态信号，触发点亮仪表控制系统的车门开关状态显示系统，此时，仪表上车门开关状态显示系统显示驾驶侧车门所处状态。

当打开点火开关或按压一键启动开关按钮，此时车辆内部天线会尝试与钥匙天线进行通信，若检测到车辆钥匙并验证其合法性合法以后，车辆开始进入15号电源上电控制逻辑，此时进入及启动许可控制单元会根据点火开关的信号，完成上电指令的下达，仪表控制单元在收到该指令后，点亮仪表，并开始自检。自检过程中，仪表控制单元会和发动机控制单元进行控制单元内部防盗验证，若合法，则控制单元防盗解除，控制单元通信正常。自检完成后，仪表系统会根据自检信息点亮或熄灭相应指示灯，若防盗验证无法通过，则自检结束，仪表无法完成与发动机等相关控制单元的通信功能，只能完成自身自检功能。此时，仪表上相应的故障指示灯无法激活点亮和熄灭控制逻辑，即该指示灯功能失效。若启动发动机，则发动机控制单元会进入不启用状态，车辆无法启动或启动几秒后熄火。

任务 2　迈腾 B7 汽车上电许可控制逻辑与检修

该任务主要通过对大众迈腾 B7 电路图的识读，完成对迈腾 B7 汽车上电许可的电路分析，掌握迈腾 B7 汽车上电许可控制逻辑。

知识准备

迈腾 B7 汽车上电许可控制逻辑分析

电子点火开关电路

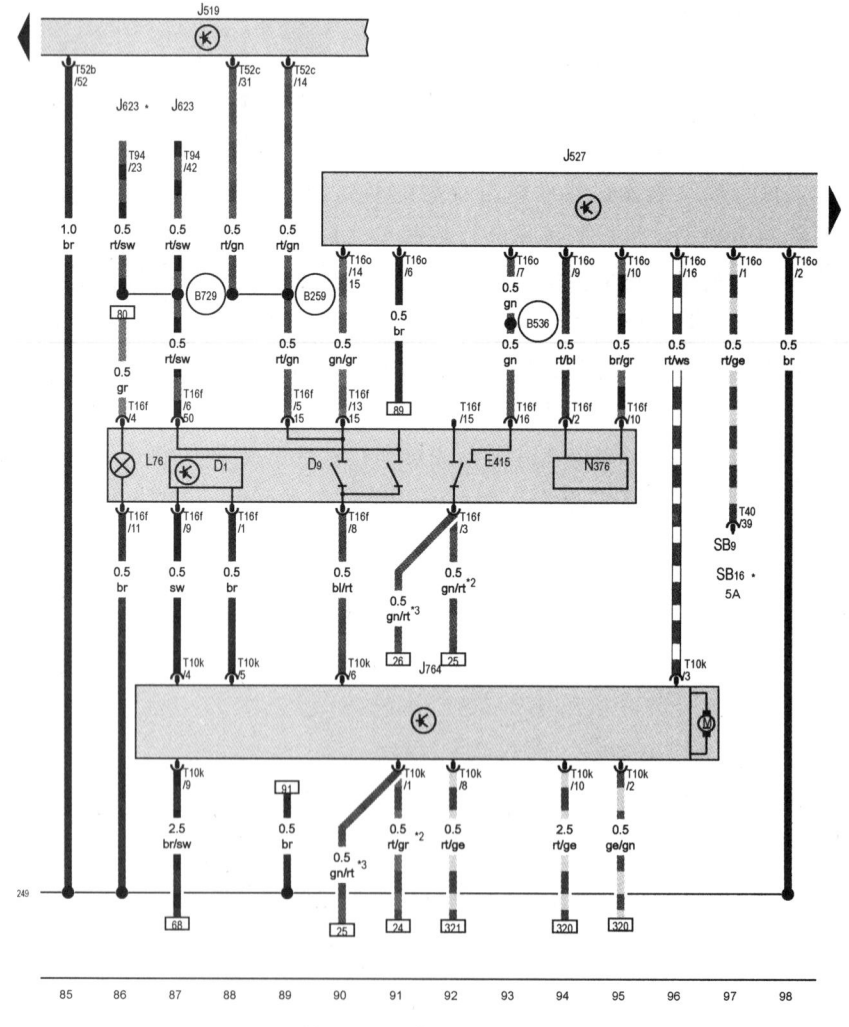

图 1　电子点火开关电路

电路分析：

根据图 1 所示，迈腾 B7 的遥控钥匙属于嵌入式遥控钥匙，在使用时，需将遥控钥匙嵌入点火开关 D9 的凹槽内，整个钥匙嵌入装置包含了防盗锁止系统读取 D1 单元、N376 点火钥匙拔出锁止电磁铁、L76 按钮照明灯泡及 D9 电子点火开关。

点火开关 D9 在嵌入遥控器时，可以通过内部物理结构触发迈腾 B7 点火开关 4 个挡位，分别是 OFF 挡位、ACC 挡位、ON 挡位及 ST 启动挡位，因此，在迈腾 B7 汽车上电控制逻辑中，需先分别通过点火开关的 OFF 挡位、ACC 挡位、ON 挡位完成车辆的方向盘机械锁止防盗认证控制逻辑、15 号上电控制逻辑、发动机控制单元防盗认证控制逻辑、制动信号的采集确认、挡位信号的采集确认、启动信号的触发控制逻辑，在完成上述逻辑后，发动机控制单元 J623 才能确认车辆是否满足启动条件许可，如果条件满足，则控制相应的启动继电器搭铁回路，完成启动机 50 供电线的回路，启动发动机，完成启动发动机的动作。

1. 方向盘机械锁止防盗认证控制逻辑

按压遥控器解锁按钮时，遥控器发射高频信号，该高频信号内部发射的信息为钥匙芯片防盗信息，该信号由汽车防盗天线模块接收，并转化成数据信息传送给防盗控制单元，防盗控制单元匹配验证钥匙信息后，若合法，则由防盗控制模块下达解除防盗指令，车身控制单元接收到该指令后，会控制转向灯闪烁，门锁电机工作，打开车门，同时熄灭防盗系统激活指示灯，此时车辆处于防盗系统解除状态。

防盗系统解除后，当驾驶员打开车门的一瞬间，车身控制单元检测到车门状态由关闭状态变为打开状态，车身控制单元会根据该车门状态信号，触发点亮仪表控制系统的车门开关状态显示系统，此时，仪表上显示系统显示驾驶员侧车门处于打开状态。

此时进入车辆，将遥控器嵌入点火开关 D9 的第一个机械触点，此时车辆点火开关挡位控制逻辑从 OFF 挡位变成 ACC 挡位。

ACC 挡位控制逻辑是蓄电池正极通过保险丝 SA4 向 SC16 保险丝供电，SC16 保险丝下游输出线束连接的针脚是点火开关 D9 的针脚 T16f/3，处于 ACC 挡位时，D9 点火开关接通内部机械触点开关，使得针脚 T16f/3 与 T16f/16 接通，该电压信号送至点火开关 D9 的端子 T16f/16，并最终送至转向柱电子装置控制单元 J527 的端子 T16o/7，当 J527 转向柱电子装置控制单元接收到由 T16o/7 针脚传递过来的电压信号后，触发 ACC 挡位控制逻辑。

ACC 挡位控制逻辑被触发后，转向柱电子装置控制单元 J527 通过 CAN 总线向舒适系统控制单元 J393 发出唤醒信号，目的是唤醒 J393 内部防盗控制单元，以便验证遥控钥匙防盗信息的合法性。此时，舒适系统控制单元 J393 被激活。

舒适系统控制单元 J393 被激活后，通过串行总线唤醒电子转向柱锁止装置控制单元 J764，目的是在遥控钥匙防盗信息验证合法后，可以解锁转向柱机械锁止装置并能够通过防盗锁止系统读取单元（D1）读取钥匙信息。

遥控器钥匙芯片信息通过数据传输 LIN 线回传到舒适系统控制单元 J393，与内部防盗控制单元存储的钥匙信息进行匹配验证，确认钥匙的合法性。

钥匙如果合法，验证舒适系统控制单元 J393 的端子 T6an/3 为电子转向柱锁止装置控制单元 J764 的端子 T10k/10 和端子 T10k/8 提供 5 V 电压信号，转向柱锁止装置控制单元 J764 收到该信号后，解除转向柱锁止装置控制单元 J764 内的转向盘电机锁，此时转向盘可自由旋转。该车辆完成启动许可控制逻辑的第一步方向盘机械锁止防盗认证。

2. 15 号上电控制逻辑

方向盘机械锁止防盗认证控制逻辑通过后，方向盘处于解锁状态，继续推动遥控器进入点火开关 D9，接通点火开关 D9 内部开关触点，T16f/8 针脚与 T16f/13 和 T16f/5 针脚接通。此时，电子转向柱锁止装置控制单元 J764 的端子 T10k/6 与点火开关 D9 的针脚 T16f/8 之间线路上的信号电压会经电子点火开关内的机械触点接通至端子 T16f/5 和端子 T16f/13 上，电压信号传至车载电网控制单元 J519 和转向柱电子装置控制单元 J527 上，车载电网控制单元 J519 通过监测 T52c/14 与 T52c/31 的电压信号，来触发车辆 15 号上电控制逻辑。此时，15 号上电控制逻辑被触发。J519 车载电网控制单元向 J329 继电器线圈供电，使得 15 号供电继电器 J329 工作，并通过 SC10 保险激活发动机控制单元与 ABS 控制单元，同时，当 15 号上电指令送至 CAN 总线数据传输系统，仪表控制单元接收到该指令后，点亮仪表，同时通过 CAN 总线数据传输系统与发动机控制单元、变速箱控制单元等进行通信，完成控制单元防盗认证，并完成自检，点亮或熄灭相应指示灯。

任务3　迈腾 B8 汽车上电许可控制逻辑与检修

该任务主要通过对大众迈腾 B8 汽车部分电路图的识读，完成对迈腾 B8 汽车上电许可的电路分析，掌握迈腾 B8 汽车上电许可控制逻辑。

知识准备

迈腾 B8 汽车上电许可控制逻辑分析

启动装置按钮电路

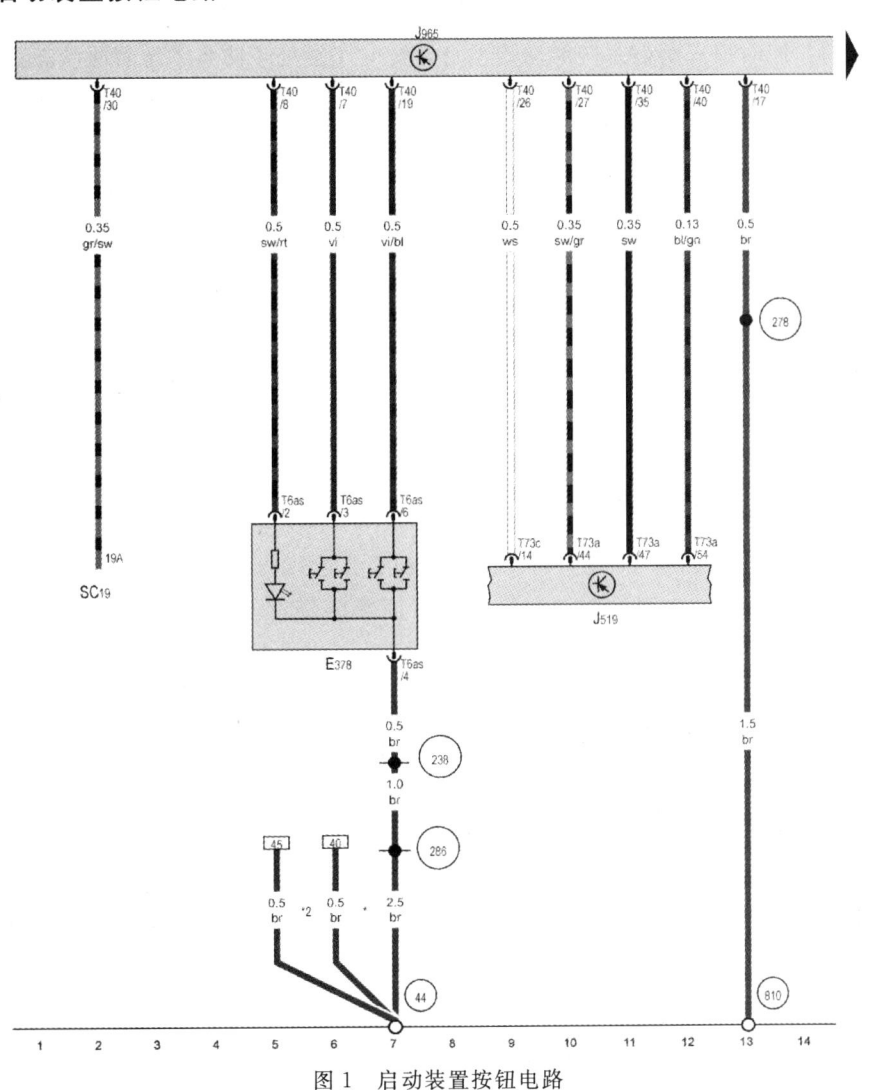

图 1　启动装置按钮电路

电路分析：

根据图 1 所示，迈腾 B8 汽车使用一键启动按钮，在迈腾 B8 汽车上电控制逻辑中，需按下一键启动按钮来完成 15 号上电控制逻辑、发动机控制单元防盗认证控制逻辑、制动信号的采集确认、挡位信号的采集确认、启动信号的触发控制逻辑，在完成上述逻辑后，发动机控制单元 J623 才能确认车辆是否满足启动条件许可，如果条件满足，则控制相应的启动继电器搭铁回路，完成启动机 50 号供电线的回路，启动发动机，完成启动发动机的动作。

1. 方向盘机械锁止防盗认证控制逻辑

按压遥控器解锁按钮时，遥控器发射高频信号，该高频信号内部发射的信息为钥匙芯片防盗信息，该信号由汽车防盗天线模块接收，并转化成数据信息传送给防盗控制单元，防盗控制单元匹配验证钥匙信息后，若合法，则由防盗控制模块下达解除防盗指令，车身控制单元接收到该指令后，会控制转向灯闪烁，门锁电机工作，打开车门，同时熄灭防盗系统激活指示灯，此时车辆处于防盗系统解除状态。

2. 15 号上电控制逻辑

防盗系统解除后，当驾驶员打开车门的一瞬间，车身控制单元检测到车门状态由关闭状态变为打开状态，车身控制单元会根据该车门状态信号，触发点亮仪表控制系统的车门开关状态显示系统，同时，J965 进入及启动系统接口检测到车门状态的逻辑电路信号，通过端子 T40/8 发出电压信号至一键启动按钮 E378 的端子 T6as/2，经背景指示灯至端子 T6as/4 到 44 左侧 A 柱下部的接地点构成闭合回路来控制背景指示灯点亮。

此时进入车辆，按下一键启动按钮 E378，一键启动开关 E378 通过端子 T6as/3 及端子 T6as/6 将驾驶员意图传递至 J965 进入及启动系统接口，J965 进入及启动系统接口通过端子 T40/7 和端子 T40/19 接收到驾驶员意图信息后，经内部逻辑信号处理后，一方面控制端子 T40/26 发出唤醒信号至 J519 车载电网控制单元的端子 T73c/14 来唤醒车载电网控制单元。另一方面唤醒舒适 CAN 总线系统，同时通过舒适 CAN 总线系统发送信息至防盗锁止控制单元，询问是否可以上电，此时防盗锁止控制单元会通过舒适系统 CAN 总线询问 J965 进入及启动系统接口控制单元车内是否有授权的合法钥匙，J965 进入及启动系统接口控制单元接收到此问询信息后，控制车内防盗天线发出低频找钥匙信号，车内遥控钥匙在接收到此低频信号后，进行编码，钥匙指示灯会闪烁几次，并将含有钥匙身份信息的高频信号发出，防盗模块接收到钥匙发出的高频信号后，对钥匙身份信息进行验证，验证通过后，会向 J764 电子转向柱锁控制单元发送一个解锁指令信息，电子转向柱锁控制单元接收到此命令后，控制转向柱锁解锁，方向盘可以转动，此时，车内第一层防盗验证通过的信息会发送至舒适系统 CAN 总线上，J965 进入及启动系统接口接收到此信息后，通过端子 T40/27、端子 T40/35 和端子 T40/40 向 J519 车载电网控制单元对应端子

T73a/44、端子 T73a/47 和端子 T73a/54 提供两个 15 号电信号和一个 S 信号，J519 车载电网控制单元在接收到信号后，唤醒舒适系统 CAN 总线，点亮仪表，一方面向 J329 继电器的线圈输入端提供电源，使 J329 继电器能进行工作，为部分用电设备提供电源，另一方面向 J623 发动机控制单元和 J743 变速箱控制单元等动力系统控制单元提供单线 15 号电信号，以便唤醒整个动力总线系统，同时动力总线上的控制单元系统会通过 J533 网关与仪表进行身份信息交换和验证，验证通过后会点亮或熄灭仪表上的相应指示灯，此时动力系统进入工作状态。

3. 发动机控制单元防盗认证控制逻辑

仪表被唤醒点亮后，通过 CAN 总线数据传输系统与发动机控制单元、变速箱控制单元等进行通信，完成控制单元防盗认证，并完成自检，点亮或熄灭相应指示灯。同时发动机控制单元控制主继电器 J271 线圈搭铁线路构成回路，J271 主继电器工作以后，向发动机控制单元提供功率电源，此时，发动机控制单元的供电已经全部满足，发动机控制单元 J623 进入工作状态。

4. 制动信号与挡位信号的采集确认

仪表完成自检后，与变速箱控制单元完成通信，并采集挡位信号，将挡位信息显示在组合仪表上，同时，发动机控制单元与变速器控制单元进行通信，并从变速器控制单元的 P/N 挡位确认信号线确认变速器挡位是否处于 P/N 挡位，当 P/N 挡位确认信号线与 CAN 总线数据传输系统上所传递的挡位信息匹配以后，挡位信号的采集确认完成。

当踩下制动踏板时，触发制动开关 F 信号电路，开关信号由 J519 的 T52c/17 采集，当 J519 采集到制动开关 F 的信号电压后，J519 通过导线向左右制动灯及高位制动灯提供电压，完成制动警告任务。制动开关 F 是一个霍尔传感器，通过将液压主缸的活塞运动模拟成电压信号送至 J519，完成制动信号的生成任务。

同时制动开关信号还会被送至发动机控制单元 J623，发动机控制单元 J623 通过该制动信号实现制动断油逻辑控制以及启动许可逻辑控制；车载电网控制单元 J519 通过该制动信号实现制动灯照明提示功能。但是在该信号传输过程中，若出现制动信号传输异常时，会触发该车辆制动信号应急模式，该模式下，车辆制动信号处于常有状态，制动灯常亮，无须踩下制动踏板也可以实现启动和换挡，同时，发动机控制单元 J623 关闭制动断油控制逻辑。

汽车逻辑电路分析与检测

任务实施

>>>场地准备

实训车间理实一体化教室

>>>设备准备

2017 款，1.8 升 Magotan B7L 汽车

实操任务 2.1　点火开关位置识别

【实操车型】2017 款，1.8 升 Magotan B7L 汽车

【实操要求】实训教师带领学生分组实操，使用 Magotan B7L 实训车辆遥控钥匙嵌入点火开关各位置观察现象，并记录。

【实操流程】

1. 将遥控钥匙嵌入点火开关第一位置时，观察车辆现象，并记录。
2. 将遥控钥匙嵌入点火开关第二位置时，观察车辆现象，并记录。
3. 将遥控钥匙嵌入点火开关第三位置时，观察车辆现象，并记录。
4. 将遥控钥匙嵌入点火开关第四位置时，观察车辆现象，并记录。
5. 记录遥控钥匙在上述各位置时是否可以拔出。

实操任务 2.2　点火开关线束测量

【实操车型】2017 款，1.8 升 Magotan B7L 汽车

【实操要求】实训教师带领学生分组实操，使用 Magotan B7L 实训车辆进行点火开关线路测量，由于点火开关处端子测量不方便，可以测量线路连接的相关控制单元或元件的端子。

【实操流程】

1. 遥控钥匙嵌入点火开关从 OFF 挡位至 ACC 挡位时，在点火开关端子 T16f/16 处或 J527 转向柱电子装置控制单元端子 T16o/7 处测量钥匙位置改变时的波形信号。
2. 遥控钥匙嵌入点火开关从 OFF 挡位至 ACC 挡位时，在点火开关端子 T16f/9 及端子 T16f/1 处或 J764 电子转向柱锁止装置控制单元端子 T10k/4 及端子 T10k/5 处测量钥匙挡位改变时的波形信号。
3. 遥控钥匙嵌入点火开关从 ACC 挡位至 ON 挡位时，在点火开关端子 T16f/8 处或 J764 电子转向柱锁止装置控制单元端子 T10k/6 处测量钥匙位置改变时的波形信号。
4. 遥控钥匙嵌入点火开关从 ACC 挡位至 ON 挡位时，在点火开关端子 T16f/13 处或 J527 转向柱电子装置控制单元端子 T16o/14 处测量钥匙位置改变时是否输出 15 号信号电，在点火开关端子 T16f/5 处或 J519 车载电网控制单元端子 T52c/14 及端子 T52c/14 处测量钥匙位置改变时是否输出 15 号信号电。

实操任务 2.3　操作一键启动按钮

【实操车型】2017 款，1.8 升 Magotan B8L 汽车

【实操要求】实训教师带领学生分组实操，使用 Magotan B8L 实训车辆按下一

键启动按钮，观察现象并记录。

【实操流程】

1. 拉开车门，观察一键启动按钮背景灯是否亮起。

2. 按下一键启动按钮，观察方向盘解锁时间，并记录。

3. 按下一键启动按钮，观察车辆仪表是否点亮，仪表上的指示灯亮起和熄灭情况，并记录。

实操任务 2.4　一键启动按钮线束测量

【实操车型】2017 款，1.8 升 Magotan B8L 汽车

【实操要求】实训教师带领学生分组实操，使用 Magotan B8L 实训车辆按下一键启动按钮进行测量，并记录。

【实操流程】

1. 拉开车门，在一键启动按钮端子 T6as/2 处或 J965 进入及启动系统接口端子 T40/8 处测量车门由关闭到打开状态改变时的信号。

2. 拉开车门，在一键启动按钮端子 T6as/4 处或 44 左侧 A 柱下部的接地点处测量车门由关闭到打开状态改变时的信号。

3. 进入车内，按下一键启动按钮后，在一键启动按钮端子 T6as/3 处或 J965 进入及启动系统接口端子 T40/7 处测量按下开关后信号变化，并记录。

4. 在一键启动按钮端子 T6as/6 处或 J965 进入及启动系统接口端子 T40/19 处测量按下开关后信号变化，并记录。

实操任务 2.5　J519 与 J965 之间线束测量

【实操车型】2017 款，1.8 升 Magotan B8L 汽车

【实操要求】实训教师带领学生分组实操，使用 Magotan B8L 实训车辆按下一键启动进行测量，并记录。

【实操流程】

1. 拉开车门，在 J519 车载电网控制单元端子 T73c/14 处或 J965 进入及启动系统接口端子 T40/26 处测量车门打开时的波形信号。

2. 按下一键启动开关，在 J519 车载电网控制单元端子 T73a/44 处或 J965 进入及启动系统接口端子 T40/27 处测量信号电压，并记录。

3. 在 J519 车载电网控制单元端子 T73a/47 处或 J965 进入及启动系统接口端子 T40/35 处测量信号电压，并记录。

4. 在 J519 车载电网控制单元端子 T73a/54 处或 J965 进入及启动系统接口端子 T40/40 处测量信号电压，并记录。

项目总结

本项目的学习重点为上电许可控制逻辑的概念认知、元件功能的分析介绍及控制逻辑的学习和理解，需掌握上电许可控制逻辑、大众电路图的识读方法、检测设备的规范使用及相关使用注意事项。

【项目考核/项目评价/项目拓展—实训性质】

	自我评价			小组评价			教师评价		
	10—9	8—6	5—1	10—9	8—6	5—1	10—9	8—6	5—1
	占总评10%			占总评30%			占总评60%		
学习活动									
协作精神									
纪律观念									
表达能力									
工作态度									
安全意识									
总体表现									
小计									
总评									

项目三　汽车启动许可控制逻辑与故障检修

学习目标

▶知识目标

1. 掌握迈腾 B7 汽车启动许可控制逻辑与检修。
2. 掌握迈腾 B8 汽车启动许可控制逻辑与检修。

▶技能目标

1. 通过对迈腾 B7 汽车启动许可控制逻辑的学习，能检修相关故障。
2. 通过对迈腾 B8 汽车启动许可控制逻辑的学习，能检修相关故障。

工作任务

任务 1　汽车启动许可控制逻辑与检修。
任务 2　迈腾 B7 汽车启动许可控制逻辑与检修。
任务 3　迈腾 B8 汽车启动许可控制逻辑与检修。

汽车逻辑电路分析与检测

任务1　汽车启动许可控制逻辑与检修

该任务主要是了解汽车启动许可的概念，掌握汽车启动许可控制逻辑认知及功能，熟悉汽车启动过程在汽车电路发展历史上的演变及汽车启动许可所需要判定的条件。

知识准备

一、汽车启动许可概念认知

汽车传统电路当中，汽车防盗系统的作用主要是利用遥控器发射频率信号，由汽车电线接收频率信号，汽车防盗控制单元分析频率信号，解读钥匙防盗信息，匹配防盗数据。若匹配成功，则通过车身控制单元控制门锁总成打开或关闭，从而实现汽车防盗功能。若匹配不成功，则通过车身控制单元控制防盗警报系统工作，从而实现汽车警报报警功能。当车辆外部防盗系统解除后，若此时驾驶员打开车门，车身控制单元检测车门处于打开状态，此时，车辆外部防盗解除。

进入车辆后，按下点火按钮进入防盗系统的另一套控制逻辑，即汽车15号上电控制逻辑，15号上电控制逻辑是指车内天线发出低频找钥匙信号，经钥匙编码将携带钥匙身份信息的高频信号发送至指定防盗控制模块，防盗模块对钥匙身份信息进行验证通过后，控制方向盘解锁并开始执行从舒适系统CAN总线上读取到的含有驾驶员意图的指令信息，告知相应控制单元提供15号信号电，此时，各控制单元会进行互认，在车辆的仪表上能看见相应指示灯亮起和熄灭，此过程即15号上电过程。

在之前的章节中已经详细讲述了车辆进入许可的控制逻辑和车辆上电许可的控制逻辑及相关的电路分析，本章节主要讲解车辆启动许可的控制逻辑。

二、汽车启动许可分析

当打开点火开关或按压一键启动开关按钮，此时车辆内部天线会尝试与钥匙天线进行通信，若检测到车辆钥匙并验证其合法性以后，车辆开始进入15号上电控制逻辑，此时进入及启动许可控制单元会根据点火开关的信号，完成上电指令的下达。仪表控制单元在收到该指令后，点亮仪表，并开始自检。自检过程中，仪表控制单元会和发动机等控制单元进行控制单元内部防盗验证，自检完成后，仪表系统根据自检信息点亮或熄灭相应指示灯。当车辆的变速杆处于P挡位或N挡位时，踩下制动踏板，仪表上制动踏板指示灯应熄灭，车辆的制动灯亮起，此时将点火开关推入下一个挡位或者再次按下一键启动按钮，防盗锁止控制单元会发出启动许可指令，发动机控制单元在接收到此指令后，控制车辆启动继电器线圈接地构成闭合回路，启动继电器的触点闭合。电源会经继电器触点至启动机的 50 端子，控制启动机的电磁控制机构运行，离合器甩出，使启动机的小齿轮与发动机飞轮快速啮合。当启动机的 30 端子与 C 端子通过接触盘连接后，启动机小齿轮高速运转，带动飞轮旋转从而启动发动机。

当车辆完成自检过程后，如果车辆的换挡条件不满足，当踩下制动踏板再次将点火开关推入下一个挡位或者再次按下一键启动按钮时，车辆通电，但不会进入启动过程。

任务 2　迈腾 B7 汽车启动许可控制逻辑与检修

该任务需结合大众迈腾 B7 汽车电路图,识读启动许可控制逻辑,掌握汽车启动许可所需要判定的条件。

知识准备

迈腾 B7 汽车启动许可控制逻辑分析

电子点火开关电路

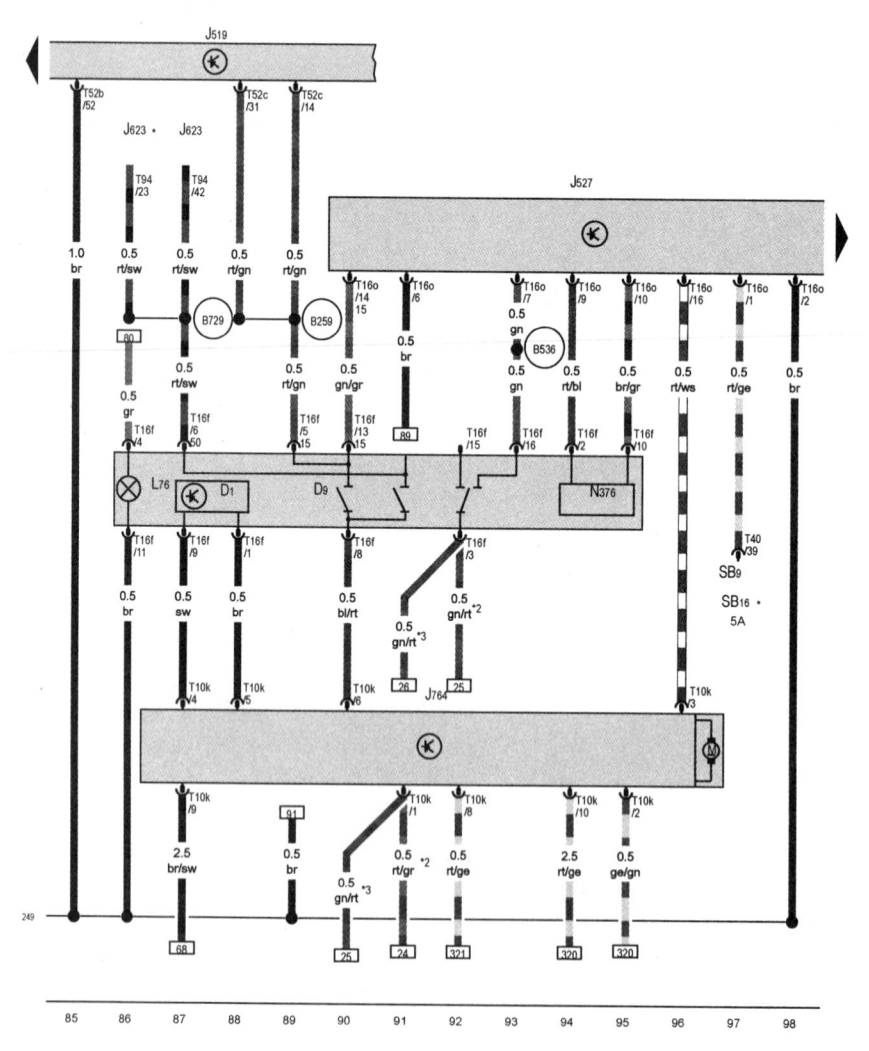

图 1　电子点火开关电路

电路分析：

根据图 1 所示，当遥控器嵌入第三挡时，点火开关 D9 内部机械开关触点闭合，将针脚 T16f/6 与 T16f/8 接通，并将＋B 电压信号送至发动机控制单元 J623，发动机控制单元对 T94/42 针脚上的电压信号进行监测，当发现电压信号从 0 V 变为＋B 电压信号时，触发启动信号的控制逻辑。

此时发动机控制单元会通过 CAN 总线数据传输系统读取挡位信号，并通过发动机控制单元与变速箱控制单元之间的 P/N 挡位确认信号线，最终判定挡位信息是否处于 P 挡或 N 挡。同时，通过制动开关信号电路读取制动踏板踩下信号，如果此时挡位处于 P 挡或 N 挡，制动踏板信号为踩下信号，则启动条件满足，发动机控制单元 J623 将通过自身逻辑控制电路，控制启动继电器 J682 线圈负极及启动继电器 2（J710）线圈负极的 2 个三极管同时导通，启动继电器 J682 线圈及启动继电器 2（J710）线圈通过发动机控制单元 J623 的针脚 T94/9 和针脚 T94/31 搭铁，最终回到蓄电池负极，构成电路回路。启动继电器 J682 线圈及启动继电器 2（J710）线圈通过 SC10 保险供电后通电工作，将继电器开关触点吸合。

此时，蓄电池正极通过 15 号供电继电器 J329 向启动继电器 J682 的 30 端子供电，启动继电器 J682 工作后，内部开关触点吸合，将供电通过 87 端子输出至 J710 的 30 端子，J710 继电器内部开关也已经吸合，供电通过 J710 的 87 输出端子最终送至启动机电磁开关 50 端子，经保持线圈搭铁构成完整回路。

通过吸拉线圈、保持线圈产生的电磁力推出拨叉，将启动机的 30 端子与端子 C 接通，蓄电池给启动机电枢绕组供电，启动机运转带动发动机飞轮运转从而启动发动机。

任务3 迈腾 B8 汽车启动许可控制逻辑与检修

该任务需结合大众迈腾 B8 汽车电路图，识读启动许可控制逻辑，掌握汽车启动许可所需要判定的条件。

知识准备

迈腾 B8 汽车启动许可控制逻辑分析

15 号电信号的输出电路

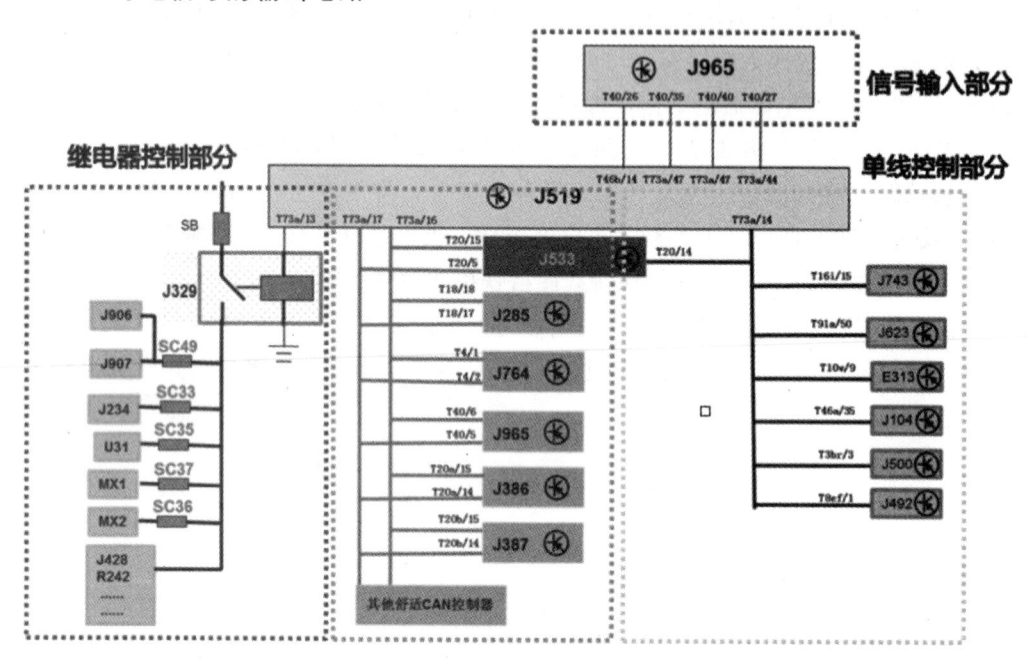

图 2 15 号电信号的输出电路

电路分析：

根据图 2 所示，迈腾 B8 车辆的车内第一层防盗验证通过的信息会发送至舒适系统 CAN 总线上，J965 进入及启动系统接口接收到此信息后，通过端子 T40/27、端子 T40/35 和端子 T40/40 向 J519 车载电网控制单元对应端子 T73a/44、端子 T73a/47 和端子 T73a/54 提供两个 15 号电信号和一个 S 信号，J519 车载电网控制单元在接收到信号后，会将 15 号电信号分为三部分输出：一方面唤醒舒适系统 CAN 总线，点亮仪表；一方面向 J623 发动机控制单元和 J743 变速箱控制单元等动力系控制单元提供单线15号电信号，以便唤醒整个动力总线系统，同时动力总线上的控制单元系统会通过J533网关与仪表进行身份信息交换和验证，验证通过后会点亮或熄灭仪表上的相应指示灯，此时动力系统会进入工作状态；另一方面向J329继电器的线圈输入端提供电源，使J329继电器能进行工作，为部分用电设备和启动继电器线圈提供电源。

若要启动发动机应满足启动许可的条件，启动条件包括点火开关的信号、制动踏板信息、挡位信息、启动许可信息。

仪表完成自检后，与变速箱控制单元完成通信，并采集挡位信号，将挡位信息显示在组合仪表上，同时，发动机控制单元与变速器控制单元进行通信，并从变速器控制单元的P/N挡位确认信号线确认变速器挡位是否处于P/N挡位，当P/N挡位确认信号线与CAN总线数据传输系统上所传递的挡位信息匹配以后，挡位的启动条件得到许可。

当踩下制动踏板时，触发制动开关F信号电路，开关信号由J519车载电网控制单元采集，当J519采集到制动开关F的信号电压后，J519通过导线向左右制动灯及高位制动灯提供电压，完成制动警告任务。制动开关F是一个霍尔传感器，通过将液压主缸的活塞运动模拟成电压信号送至J519，完成制动信号的生成任务。同时制动开关信号还会被送至发动机控制单元J623，发动机控制单元J623通过该制动信号实现制动断油逻辑控制及启动许可逻辑控制。车载电网控制单元J519通过该制动信号实现制动灯照明提示功能。但是在该信号传输过程中，若出现制动信号传输异常时，会触发该车辆制动信号应急模式。该模式下，车辆制动信号处于常有状态，制动灯常亮，不需要踩下制动踏板也可以实现启动和换挡，同时，发动机控制单元J623关闭制动断油控制逻辑。

此时发动机控制单元会通过CAN总线数据传输系统读取挡位信号并通过发动机控制单元与变速箱控制单元之间的P/N挡位确认信号线，最终判定挡位信息是否处于P挡或N挡。同时，通过制动开关信号电路读取制动踏板踩下信号，如果此时挡位处于P挡或N挡，制动踏板信号为踩下信号，则启动条件满足，当再次按下一键启动按钮时，J965进入及启动系统接口会发出启动信号指令给J623发动机控制单元，发动机控制单元将通过自身逻辑控制电路，控制两个启动继电器线圈搭铁，启动继电器开关触点吸合。

此时，蓄电池正极通过15号供电继电器向启动继电器的30端子供电，经启动继电器开关触点送至启动机电磁控制机构的50端子上，通过吸拉线圈保持线圈产生的电磁力推出拨叉，使小齿轮与发动机飞轮快速啮合，当启动机的30端子与端子C接通后，蓄电池给启动机电枢绕组供电，启动机小齿轮高速运转，带动发动机飞轮运转从而启动发动机。

汽车逻辑电路分析与检测

任务实施

>>>场地准备

实训车间理实一体化教室

>>>设备准备

2017 款，1.8 升 Magotan B7L 汽车

实操任务 3.1　启动车辆

【实操车型】2017 款，1.8 升 Magotan B7L 汽车

【实操要求】实训教师带领学生分组实操，使用迈腾 B7 实训车辆遥控钥匙嵌入点火开关启动挡位置观察现象并记录。

【实操流程】

1. 将车辆选挡杆处于 P 挡位置，观察仪表是否正确显示挡位信息。

2. 踩下制动踏板，观察车辆仪表指示灯现象并记录。

3. 将遥控钥匙嵌入点火开关启动挡位置时，观察车辆现象并记录。

项目总结

本项目的学习重点为启动许可控制逻辑的概念认知、元件功能的分析介绍及控制逻辑的学习和理解，需掌握启动许可控制逻辑、大众电路图的识读方法、检测设备的规范使用及相关使用注意事项。

【项目考核/项目评价/项目拓展—实训性质】

	自我评价			小组评价			教师评价		
	10—9	8—6	5—1	10—9	8—6	5—1	10—9	8—6	5—1
	占总评10%			占总评30%			占总评60%		
学习活动									
协作精神									
纪律观念									
表达能力									
工作态度									
安全意识									
总体表现									
小计									
总评									

项目四　照明与信号系统控制逻辑与故障检修

学习目标

▶知识目标

1. 了解汽车照明与信号系统的认知。
2. 掌握汽车照明与信号系统的控制逻辑。
3. 掌握汽车照明与信号系统故障检修。

▶技能目标

1. 能正确使用汽车电气系统维修工具对照明与信号系统各部件及线路进行检测。
2. 能正确识读主流车型照明与信号系统电路图。
3. 能够根据故障现象对照明与信号系统进行故障诊断与排除。

工作任务

任务1　照明与信号系统控制逻辑与检修。
任务2　迈腾B7照明与信号系统控制逻辑与检修。

任务 1　照明与信号系统控制逻辑与检修

该任务通过对汽车照明与信号系统的认知，掌握汽车照明与信号系统的电路元件组成、控制逻辑，以及随着汽车电路控制逻辑的发展，汽车照明与信号系统所具备的一些智能化功能。

知识准备

车灯开关信号认知及控制逻辑

1. 灯光开关

灯光开关的形式有拉钮式、旋转式、拨杆式、组合式等多种。现代汽车上使用较多的是将前照灯、尾灯、转向灯及变光开关制成一体的组合式开关。通过旋转、扳动组合开关上的操纵机构可以实现灯光的开关、转换等操作。

随着汽车电气技术的不断发展，汽车照明系统也逐渐加入了传感器、控制单元等逻辑电气元件，使得汽车照明系统从传统照明电路演变成如今非常普遍的逻辑电路，其功能上也更加人性化、更加智能化、更加先进。照明距离更远，光线强度更高，进一步提高了车辆的照明功能，提高了车辆夜间行驶的安全性，同时降低了驾驶员操作灯光开关的频率，甚至很多量产车型已经将部分灯光开关优化进车辆智能操作系统，为驾驶员夜间行车带来便利。

但随着照明系统逻辑电路的发展，照明系统电路变得更加复杂。因此，在检查照明系统逻辑电路时，除了对传统照明电路的基本测量及故障排除以外，还需掌握照明系统逻辑电路的控制逻辑分析、传感器的检测、控制单元的供电、搭铁、通信线路、信号线路、应急模式控制逻辑、控制单元报码逻辑等。

2. 照明系统智能化功能

（1）自动大灯功能

自动大灯功能通常也被称为自动头灯或自动感应式大灯，其功能是指当灯光开关处于自动大灯挡位（AUTO挡位）时或灯光开关优化到车辆智能操控系统中时，如果汽车行驶中光线变暗，前大灯会自动亮起，当光线变亮时，会自动熄灭。例如，从亮的地方突然进入隧道，大灯自动调节灯光亮度，照亮前路。自动大灯功能可以使驾驶者在需要大灯的时候免去找开关的过程，同时可以避免驾驶者在夜间或光线不好的时候忘记开大灯，提高了行车安全性。

（2）自适应大灯功能

自适应转向大灯系统常被称为转向头灯或弯道照明辅助系统。它能够根据汽车方向盘角度、车辆偏转率和行驶速度，不断对大灯进行动态调节，以适应当前的转向角，保持灯光方向与汽车当前行驶的方向一致，确保为前方道路提供最佳照明，并为驾驶员提供最佳可见度。它能够根据行车速度、转向角度等自动调节大灯的偏转，以便能够提前照亮未到达的区域，提供全方位的安全照明，从而显著提高了黑暗中驾驶的安全性。在路面无（弱）灯或多弯道的路况中，该功能可扩大驾驶员的视野，也可提前提醒对向来车。

自适应转向大灯系统主要分为：静态系统和动态系统两种。

①静态系统

静态系统是指汽车运行在一个比较连贯且工况变化不大的工作模式。系统在工作开始时，接收来自悬挂装置的传感器信号及 ABS 系统的车速信号，判断汽车是静止不动还是处于恒速状态，汽车一旦启动，系统就开始修正大灯的角度。

②动态系统

动态系统是指能在汽车所有的行驶条件下，保证大灯有合理的转动方向。汽车在刚启动时，动态系统和前面的静态系统控制功能基本一致，当汽车进入波动较大的工况时，自适应转向大灯系统的信号处理速度将更快，几分之一秒就可以调整好灯光的角度，使视野更为清晰。

汽车自适应前大灯由传感器组件、电控单元（大灯照程调节控制单元）、执行器（转弯灯光动态调节电机等）三大部分组成。

自适应转向大灯开始工作的判定条件：

①外界因素主要包括光强度、雨水、雾天、行驶的环境（城市或者郊区）、路况等。识别外界因素，须用到光强度识别传感器和雨水传感器。当汽车进入隧道或者黄昏行驶时，自适应转向大灯就会打开，补充照明的灯光；当外界光强度升高到系统限制的强度时，前照灯自动关闭。汽车在城市行驶的过程中，必须考虑车灯会给会车驾驶员造成干扰，干扰主要是由于炫目造成的，特别是路面湿滑的情况下，更为严重。此时，具有自适应转向大灯的汽车的前照灯，会自动在垂直方向向下偏转一定的角度，降低对会车驾驶员或者行人造成炫目的光照强度，对避免交通意外起着重要的作用。

②内部因素主要包括汽车自身的行驶状态，例如，车速、制动、加速、转弯、悬挂高度等。车辆在行驶过程中，加速或者满载时，汽车会向后倾，而制动时会向前倾，这样一来，势必会造成汽车前照灯的灯光高度不同；路面不平也会造成以上现象。当汽车转弯时，灯光会随着左转弯或右转弯而在两边留下一个盲区，影响交通安全。

（3）转向辅助灯

夜间车辆转弯时，为了确保驾驶员能够实时看清路况，可以采用车辆转弯辅助照明装置。在这种装置中，转弯辅助照明灯与前照灯位置均是固定的，只是通过实时控制来达到转弯辅助照明的作用。侧向辅助照明即使车辆并非处于行驶状态，但只要转动方向盘辅助灯泡依然会点亮，夜间行驶在没有路灯的地方非常方便，尤其是需要原地掉头的时候。

此功能相比自适应转向大灯功能，其成本更加低廉，电路逻辑控制比较简单，执行机构单一，通常由前雾灯来辅助实现，因此适用性更加广泛。

(4) 大灯延时关闭功能

大灯延时关闭功能也被很多汽车厂家人性化地称为"伴我回家"功能，是一种应用于汽车的大灯延时功能，其本质就是头灯在车辆熄火后延时关闭，车内人员可以借助此光线看清回家的路况，且其延时的时间可调。

"伴我回家"功能的具体操作方法每款车型不一样，常见的是发动机熄火后，打开大灯开关或向上抬一下灯光开关，此时关闭点火开关，下车后锁止车辆，大灯照明系统可以实现延时照明功能，一定时间后，大灯照明系统自动关闭。

(5) 自适应远近光功能

自适应远近光功能是指利用车辆后视镜部位的摄像头侦测前方行驶的车辆，探测范围可达 400 米。当检测到对面来车，系统就会有选择性地遮蔽远光灯光束范围，让光束避开对面车辆或自动切回近光灯挡位，这样在确保驾驶员清晰视野的同时，不会影响对向来车的行驶；当系统探测到前方没有车辆时又会自动切换回远光。

任务 2　迈腾 B7 照明与信号系统控制逻辑与检修

该任务通过对迈腾 B7 电路图进行识读，分析迈腾 B7 照明与信号系统控制逻辑，完成迈腾 B7 照明与信号系统控制逻辑的学习。

知识准备

一、迈腾 B7 的车灯开关

迈腾 B7 的车灯开关一共由 6 部分组成，分别是 E229 警报灯开关、E7 前雾灯开关、E18 后雾灯开关、车灯开关 E1、手动防眩目功能和远光灯瞬时接通功能开关 E4 及转向信号灯开关 E2。其中 E1、E7、E18 优化组合在一个旋转式组合灯光开关内，安装在中控台最左侧空调出风口下方位置。手动防眩目功能和远光灯瞬时接通功能开关 E4 及转向信号灯开关 E2 优化在一个拨杆式组合开关上，安装在方向盘左侧。E229 警报灯开关，独立安装在中控台中间收音机上方位置，标有鲜明的红色警戒色。

车灯开关 E1 集成了汽车照明的 OFF 挡位、自动大灯开关挡位、位置灯挡位、大灯挡位及 58d 开关照明（位置灯）挡位，手动防眩目功能和远光灯瞬时接通功能开关 E4 集成了近光灯挡位、远光灯挡位、超车灯挡位及瞬时复位远光灯挡位。转向信号灯开关 E2 的功能包括瞬时左触碰复位转向灯挡位、左转向灯挡位、右触碰复位转向灯挡位、右转向灯挡位、左侧停车灯挡位、右侧停车灯挡位及 OFF 关闭挡位。

1. 车灯开关 E1 电路图分析

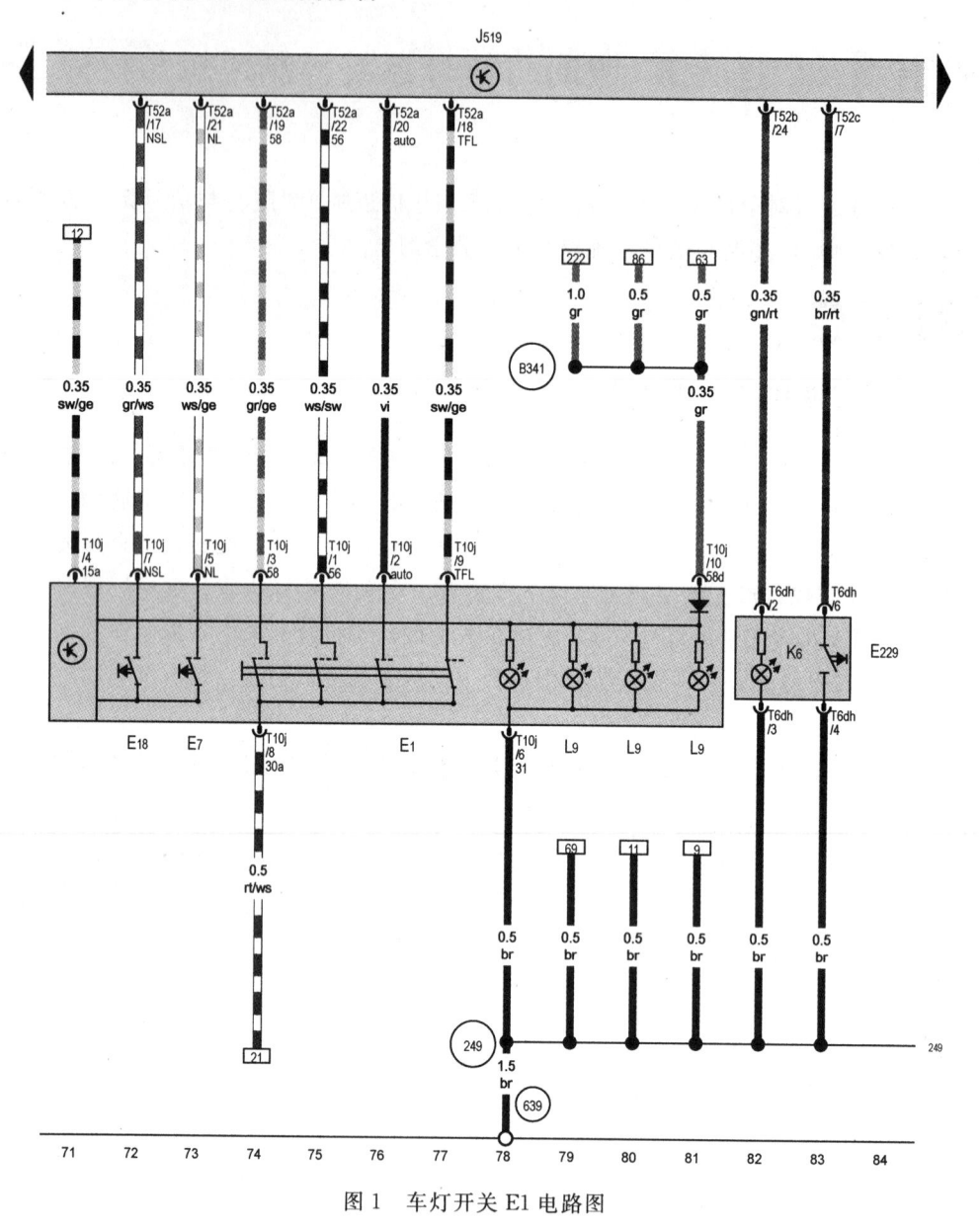

图 1 车灯开关 E1 电路图

根据电路图分析，灯光开关 E1 一共连接了 5 根线束，其中 4 根线束连接车载电网控制单元 J519，为灯光开关 4 个挡位的信号线，其中 1 根线束为供电线，根据大众电路图绘制特点，可查询到该供电来自 SC13 保险。

2. 灯光开关 E1 供电保险电路图分析

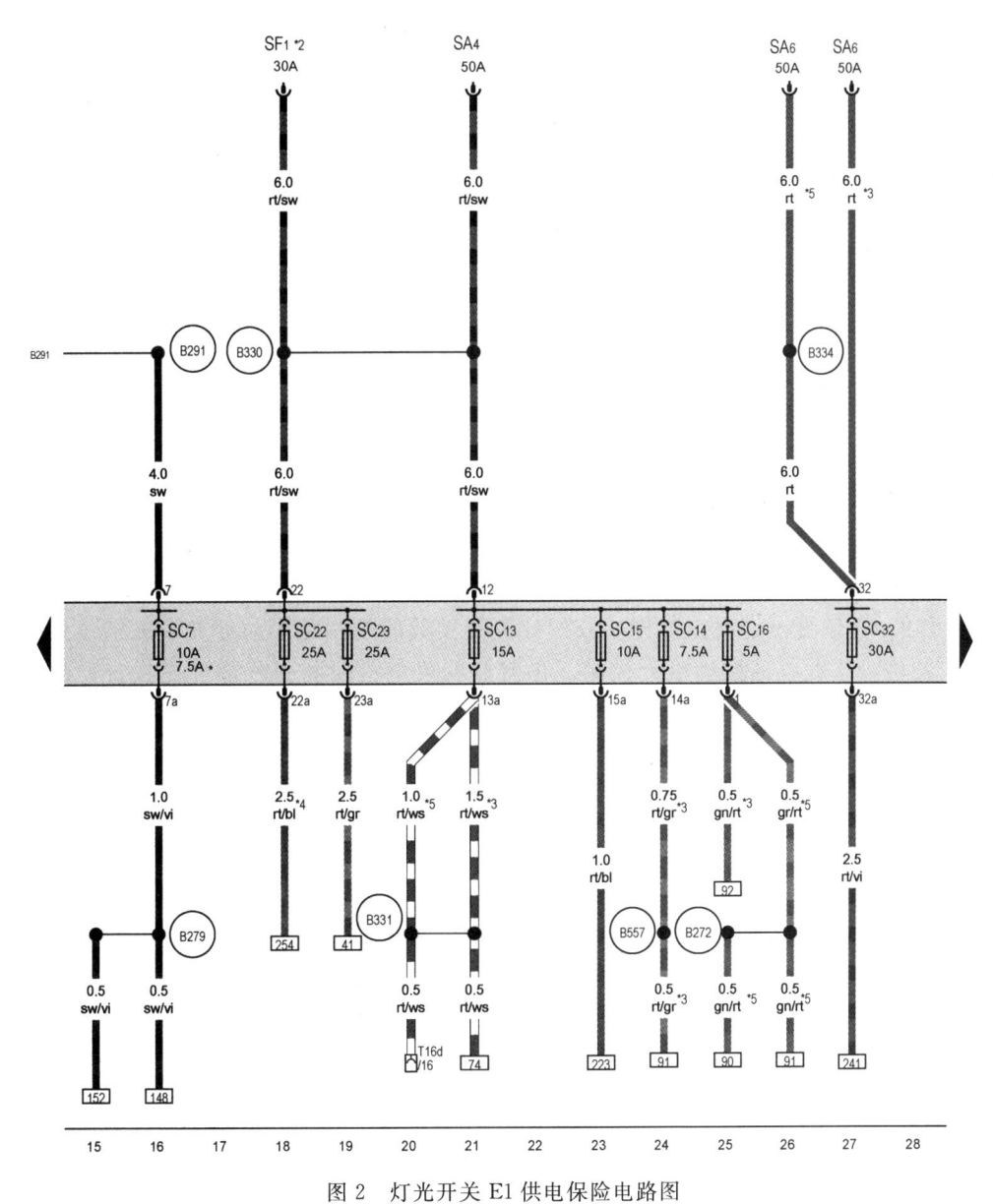

图 2　灯光开关 E1 供电保险电路图

根据电路图，可查询到 SC13（15 A）保险的来电端来自 30 电保险丝 SA4（50 A）。

表 1　车灯开关 E1 信号图谱

车灯开关 E1 信号图谱				
灯光开关挡位	T52a/19	T52a/22	T52a/20	T52a/18
OFF 挡位	0 V	0 V	0 V	12 V
AUTO 挡位	0 V	0 V	12 V	0 V
位置灯挡位	12 V	0 V	0 V	0 V
大灯挡位	0 V	12 V	0 V	0 V

灯光开关 E1 电路逻辑分析：打开点火开关时，灯光开关 E1 共有 4 个挡位，分别是 OFF 挡位、AUTO 挡位、位置灯挡位、大灯挡位。在不打开点火开关时，灯光开关共有两个挡位，分别是 OFF 挡位，58d 开关照明（位置灯）挡位，若此时操作灯光开关 E1 打到位置灯挡位，只有 58d 开关照明系统工作，位置灯不亮。

（1）OFF 挡位：当灯光开关 E1 处于 OFF 挡位时，通过灯光信号图谱可查询到车载电网控制单元 J519 从 T52a/19、T52a/22、T52a/20、T52a/18 这 4 根信号线读取到的电压信号分别为 0 V、0 V、0 V、12 V，此时车载电网控制单元根据其内部车灯开关 E1 信号图谱存储数据，分析计算驾驶员的控制意图为灯光开关挡位处于 OFF 挡位，车载电网控制单元控制其内部照明供电模块断开外部灯光执行器的供电，此时车辆照明系统为关闭状态，无外部照明。

（2）AUTO 挡位：将灯光开关 E1 处于 AUTO 挡位时，通过灯光信号图谱可查询到车载电网控制单元 J519 从 T52a/19、T52a/22、T52a/20、T52a/18 这 4 根信号线读取到的电压信号分别为 0 V、0 V、12 V、0 V，此时车载电网控制单元根据其车灯开关 E1 信号图谱存储数据，分析计算驾驶员的控制意图为灯光开关挡位处于 AUTO 挡位，同时 B7 车辆根据 G397 雨水与光线识别传感器检测外界光强信号，并传递给车载电网控制单元 J519，由 J519 控制单元分析计算后，判断是否需要打开车辆大灯照明，若光线较暗，满足自动大灯照明开启信号条件，J519 控制单元控制其内部照明供电模块接通外部灯光执行器的供电，若光线较亮，满足自动大灯照明关闭信号条件，J519 控制单元控制其内部照明供电模块切断外部灯光执行器的供电，从而实现大灯照明自动开启和关闭的功能。

（3）位置灯挡位：将灯光开关 E1 处于位置灯挡位时，通过灯光信号图谱可查询到车载电网控制单元 J519 从 T52a/19、T52a/22、T52a/20、T52a/18 这 4 根信号线读取到的电压信号分别为 12 V、0 V、0 V、0 V，此时车载电网控制单元根据其内部车灯开关 E1 信号图谱存储数据，分析计算驾驶员的控制意图为灯光开关挡位处于位置灯挡位，J519 控制单元控制其内部照明供电模块接通外部前后位置灯、牌照灯的供电，实现位置灯提示照明功能。

（4）大灯挡位：将灯光开关 E1 处于大灯挡位时，通过灯光信号图谱可查询到车载电网控制单元 J519 从 T52a/19、T52a/22、T52a/20、T52a/18 这 4 根信号线读取到的电压信号分别为 0 V、12 V、0 V、0 V，此时车载电网控制单元根据其内部车灯开关 E1 信号图谱存储数据，分析计算驾驶员的控制意图为灯光开关挡位处于大灯挡位，J519 控制单元控制其内部照明供电模块接通外部前照灯的供电，实现大灯照明功能。

（5）58d 开关照明（位置灯）挡位：不打开点火开关时，将灯光开关 E1 处于位置挡位时，该操作唤醒 J519 车载电网控制单元，J519 车载电网控制单元唤醒舒适 CAN 总线系统，进而唤醒舒适总线系统其他控制单元。车载电网控制单元 J519 从 T52a/19、T52a/22、T52a/20、T52a/18 这 4 根信号线读取到的电压信号分别为 0 V、12 V、0 V、0 V，此时车载电网控制单元根据其内部车灯开关 E1 信号图谱存储数据，分析计算驾驶员的控制意图为灯光开关挡位处于 58d 开关照明（位置灯）挡位，J519 控制单元控制其内部照明供电模块接通车辆上所有开关照明的供电，实现开关照明功能。

车灯开关 E1 出现故障导致信号异常或 J519 车载电网控制单元局部模块出现异常时，J519 车载电网控制单元照明系统会进入应急模式，应急模式根据异常点不同而不同，又可分为应急照明模式和故障提示模式。常见应急照明模式为近光灯在打开点火开关时，在未操作车灯开关 E1 的情况下点亮，且操作车灯开关 E1 其他功能均无效，此时只能通过关闭点火开关关闭近光灯。常见故障提示模式为左前近光灯和右后位置灯对角点亮，通过该模式提醒驾驶员或维修人员 J519 车载电网控制单元系统存在故障。

二、车灯开关 E1 照明执行器

1. MX1 左前大灯与 MX2 右前大灯电路图分析

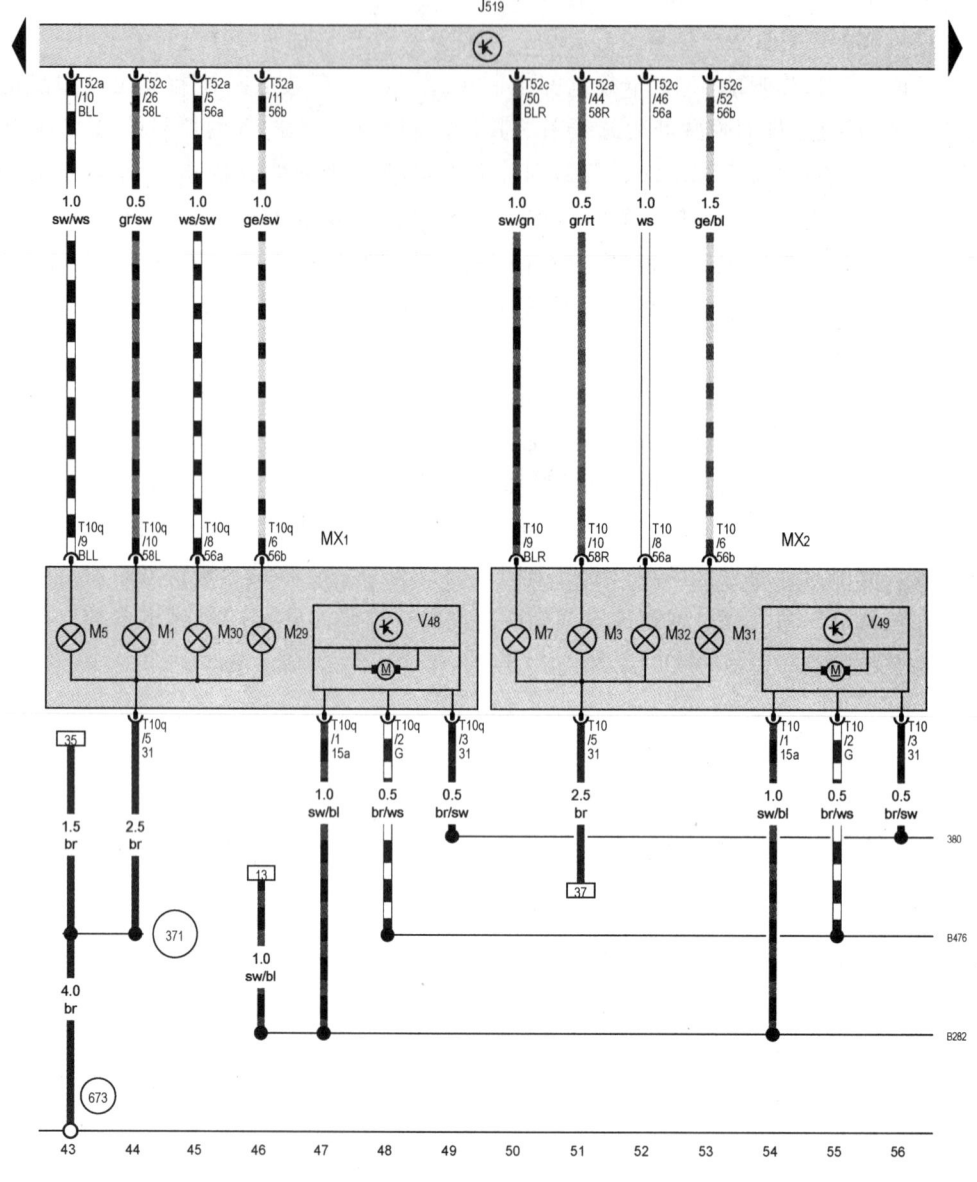

图 3 MX1 左前大灯与 MX2 右前大灯电路图

（1）前部位置灯电路：根据电路图，M1 左侧停车灯灯泡由 J519 车载电网控制单元 T52c/26 线束供电，经 MX1 左前大灯 T10q/5 搭铁至 673 搭铁点，构成回路。

在点火开关打开后，J519 车载电网控制单元启动内部冷监控逻辑电路通过 T52c/26 线束向 M1 左侧停车灯灯泡发送一个逻辑判定信号，若 M1 左侧停车灯灯泡正常和线束正常，该信号通过 M1 左侧停车灯灯泡后会有所衰减，此时 J519 车载电网控制单元内部逻辑判定电路判定 M1 左侧停车灯灯泡正常，无故障码，中央显示屏不会列出文本信息加以提示；若 M1 左侧停车灯灯泡损坏和线束损坏，该信号通过 M1 左侧停车灯灯泡后没有衰减，此时 J519 车载电网控制单元内部逻辑判定电路判定 M1 左侧停车灯灯泡损坏，J519 车载电网控制单元会从内部存储器中调取对应故障码，存放在临时存储器中，中央显示屏列出文本信息加以提示。

当车灯开关 E1 位于位置灯挡位时，J519 车载电网控制单元通过 T52c/26 线束向 M1 左侧停车灯灯泡供电，同时启动内部热监控逻辑电路，实时监测 M1 左侧停车灯灯泡及供电线束、搭铁线束是否电路过载、短路或断路，若存在电路过载、短路或断路，输出电流异常，J519 车载电网控制单元内部逻辑判定电路判定 M1 左侧停车灯灯泡电路损坏，J519 车载电网控制单元会从内部存储器中调取对应故障码，存放在临时存储器中，中央显示屏列出文本信息加以提示；若无电路过载，短路或断路，输出电流正常，J519 车载电网控制单元内部逻辑判定电路判定 M1 左侧停车灯灯泡电路正常，此时无故障码，中央显示屏不列出文本信息加以提示。

M3 右侧停车灯灯泡电路控制逻辑及报码逻辑与 M1 左侧停车灯灯泡电路控制逻辑及报码逻辑相同。

冷监控与热监控的区别：冷监控与热监控的监测时间点不同，且冷监控逻辑电路只能监测电路是否通路，无法监测电路是否存在虚接或短路故障。

备注：停车灯挡位和位置灯挡位的照明执行器均为停车灯灯泡。

（2）近光灯电路：根据电路图，M29 近光灯灯泡由 J519 车载电网控制单元 T52a/11 线束供电，经 MX1 左前大灯 T10q/5 搭铁至 673 搭铁点，构成回路。

在点火开关打开后，J519 车载电网控制单元启动内部冷监控逻辑电路通过 T52a/11 线束向 M29 近光灯灯泡电路发送一个逻辑判定信号，若 M29 近光灯灯泡正常和线束正常，该信号通过 M29 近光灯灯泡后会有所衰减，此时 J519 车载电网控制单元内部逻辑判定电路判定 M29 近光灯灯泡正常，无故障码，中央显示屏不会列出文本信息加以提示；若 M29 近光灯灯泡损坏和线束损坏，该信号通过 M29 近光灯灯泡后没有衰减，此时 J519 车载电网控制单元内部逻辑判定电路判定 M29 近光灯灯泡损坏，J519 车载电网控制单元会从内部存储器中调取对应故障码，存放在临时存储器中，中央显示屏列出文本信息加以提示。

当打开点火开关，车灯开关 E1 位于大灯挡位且手动防眩目功能和远光灯瞬时接通功能开关 E4 位于任一挡位时，J527 转向柱电子装置控制单元分析手动防眩目功能和远光灯瞬时接通功能开关 E4 的挡位后，将驾驶员意图通过舒适 CAN 总线与 J519 车载电网控制单元进行通信，并将该意图送至 J519 车载电网控制单元，J519 车载电网控制单元收到该指令后，结合车灯开关 E1 挡位指令，通过 T52a/11 线束向 M29 近光灯灯泡供电，同时启动内部热监控逻辑电路，实时监测 M29 近光灯泡及供电线束、搭铁线束是否电路过载、短路或断路。若存在电路过载、短路或断路，输出电流异常，J519车载电网控制单元内部逻辑判定电路判定M29近光灯灯泡电路损坏，J519车载电网控制单元会从内部存储器中调取对应故障码，存放在临时存储器中，中央显示屏列出文本信息加以提示；若无电路过载、短路或断路，输出电流正常，J519车载电网控制单元内部逻辑判定电路判定M29近光灯灯泡电路正常，此时无故障码，中央显示屏不列出文本信息加以提示。

M31右侧近光灯灯泡电路控制逻辑及报码逻辑与M29左侧近光灯灯泡电路控制逻辑及报码逻辑相同。

（3）远光灯电路：根据电路图，M30远光灯灯泡由J519车载电网控制单元T52a/5线束供电，经MX1左前大灯T10q/5搭铁至673搭铁点，构成回路。

在点火开关打开后，J519车载电网控制单元启动内部冷监控逻辑电路通过T52a/5线束向M30远光灯灯泡电路发送一个逻辑判定信号，若M30远光灯灯泡正常和线束正常，该信号通过M30远光灯灯泡后会有所衰减，此时J519车载电网控制单元内部逻辑判定电路判定M30远光灯灯泡正常，无故障码，中央显示屏不会列出文本信息加以提示；若M30远光灯灯泡损坏和线束损坏，该信号通过M30远光灯灯泡后没有衰减，此时J519车载电网控制单元内部逻辑判定电路判定M30远光灯灯泡损坏，J519车载电网控制单元会从内部存储器中调取对应故障码，存放在临时存储器中，中央显示屏列出文本信息加以提示。

当打开点火开关，车灯开关E1位于大灯挡位，且手动防眩目功能和远光灯瞬时接通功能开关E4位于远光灯挡位或超车灯挡位时，J527转向柱电子装置控制单元分析手动防眩目功能和远光灯瞬时接通功能开关E4的挡位后，将驾驶员意图通过舒适CAN总线与J519车载电网控制单元进行通信，并将该意图送至J519车载电网控制单元与J285仪表板中的控制单元，J285仪表板中的控制单元收到该指令后，点亮仪表板中的远光灯指示灯，J519车载电网控制单元收到该指令后，结合车灯开关E1挡位指令，通过T52a/5线束向M30远光灯灯泡供电，同时启动内部热监控逻辑电路，实时监测M30远光灯灯泡及供电线束、搭铁线束是否电路过载、短路或断路，若存在电路过载、短路或断路，输出电流异常，J519车载电网控制单元内部逻辑判定电路判定M30远光灯灯泡电路损坏，J519车载电网控制单元会从内部存储器中调取对应故障码，存放在临时存储器中，中央显示屏列出文本信息加以提示；若无电路过载、短路或断路，输出电流正常，J519车载电网控制单元内部逻辑判定电路判定M30远光灯灯泡电路正常，此时无故障码，中央显示屏不列出文本信息加以提示。

当不打开点火开关时，手动防眩目功能和远光灯瞬时接通功能开关E4位于瞬时复位远光灯挡位时，该操作唤醒J527转向柱电子装置控制单元，随即J527转向柱电子装置控制单元唤醒舒适CAN总线系统，舒适CAN总线进一步唤醒连接线路上的其他控制单元。J527转向柱电子装置控制单元分析手动防眩目功能和远光灯瞬时接通功能开关E4的挡位后，将驾驶员意图通过舒适CAN总线与J519车载电网控制单元进行通信，并将该意图分别送至J519车载电网控制单元与J285仪表板中的控制单元，J285仪表板中的控制单元收到该指令后，点亮仪表板中的远光灯指示灯；J519车载电网控制单元收到该指令后，结合车灯开关E1挡位指令，通过T52a/5线束向M30远光灯灯泡供电，同时启动内部热监控逻辑电路，实时监测M30远光灯灯泡及供电线束、搭铁线束是否电路过载、短路或断路，若存在电路过载、短路或断路，输出电流异常，J519车载电网控制单元内部逻辑判定电路判定M30远光灯灯泡电路损坏，J519车载电网控制单元会从内部存储器中调取对应故障码，存放在临时存储器中，中央显示屏列出文本信息加以提示；若无电路过载、短路或断路，输出电流正常，J519车载电网控制单元内部逻辑判定电路判定M30远光灯灯泡电路正常，此时无故障码，中央显示屏不列出文本信息加以提示。此时无冷监控功能。

M32右侧远光灯灯泡电路控制逻辑及报码逻辑与M30左侧远光灯灯泡电路控制逻辑及报码逻辑相同。

2. 58d 开关照明电路电路图分析

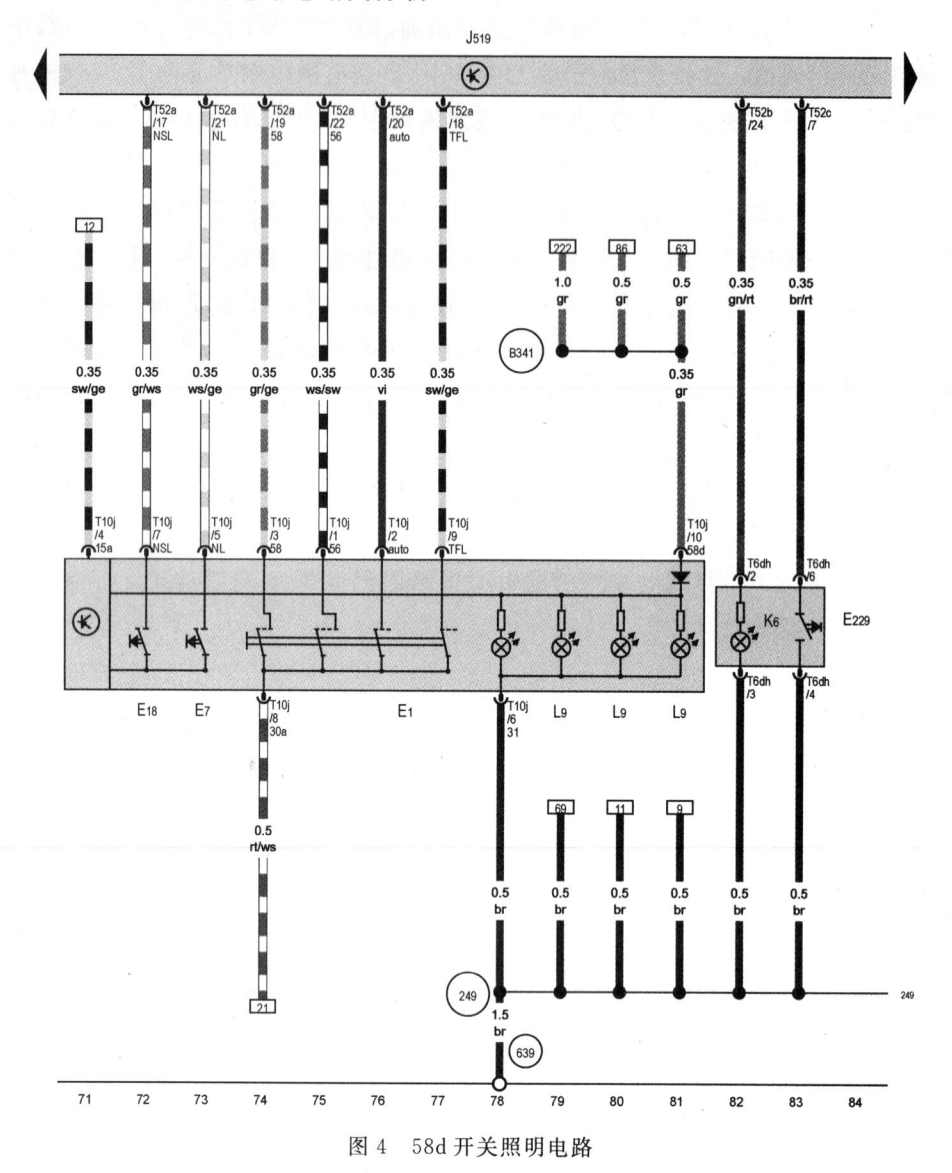

图 4　58d 开关照明电路

58d 开关照明系统是汽车照明系统里独立的一个系统，它的功能是提高夜间行车时，驾驶员操作电气开关时的安全性。它可以使驾驶员快速找到所要操作的电气开关位置。

58d 开关照明系统随着汽车电气技术的发展，已经由原来的传统小功率灯泡照明电路转变为现在的半导体照明电路，其照明执行器为发光二极管，供电电源来自车身控制单元内部供电模块，其寿命更长，光线更加柔和，并可根据驾驶员需要进行光线明亮调节，减少了驾驶员驾驶疲劳，进一步提高了夜间行驶安全性。

58d 开关照明系统包含了汽车电气系统开关照明、仪表背景照明、点火开关位置照明等。

在打开点火开关时，车灯开关 E1 位于位置灯挡位时，位置灯点亮，58d 开关照明系统工作；在不打开点火开关时，车灯开关 E1 位于位置灯挡位时，该操作可唤醒 J519 车载电网控制单元，J519 车载电网控制单元唤醒舒适 CAN 总线系统，进而唤醒舒适 CAN 总线系统其他控制单元，此时位置灯不亮，58d 开关照明系统工作。

根据电路图，L9 大灯开关照明灯泡通过 T10j/6 线束与搭铁点 639 相连，其供电通过 T10j/10 与地址 222、86、63 相连。

3. 58d 开关照明电路跳转地址 222 电路图分析

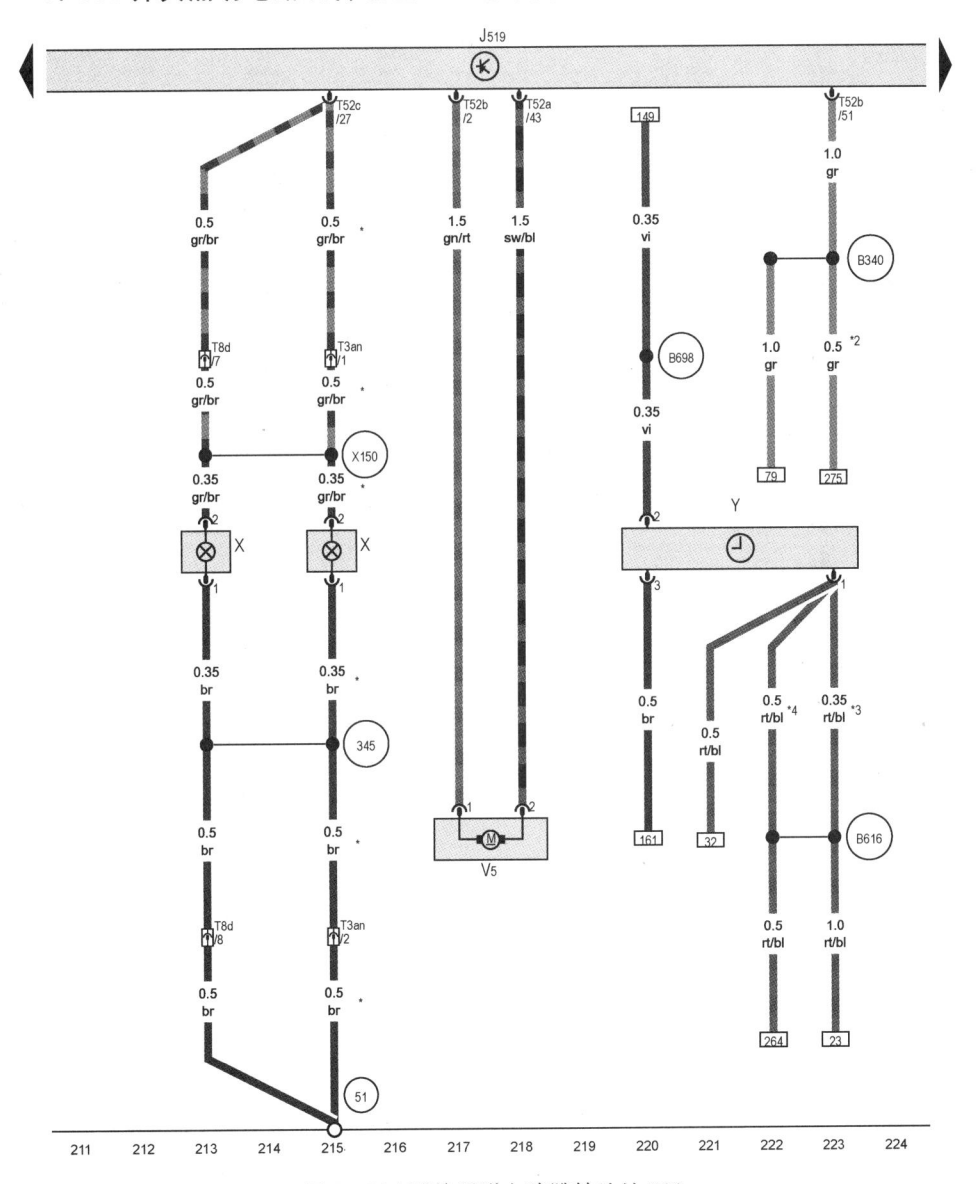

图 5　58d 开关照明电路跳转地址 222

汽车逻辑电路分析与检测

根据断线代号法，地址 79 与地址 222 相连，可查到 L9 大灯开关照明灯泡供电来自 J519 车载电网控制单元 T52b/51 针脚。

其他开关照明电路与 L9 大灯开关照明灯泡逻辑相同。

4. 后部位置灯照明电路电路图分析

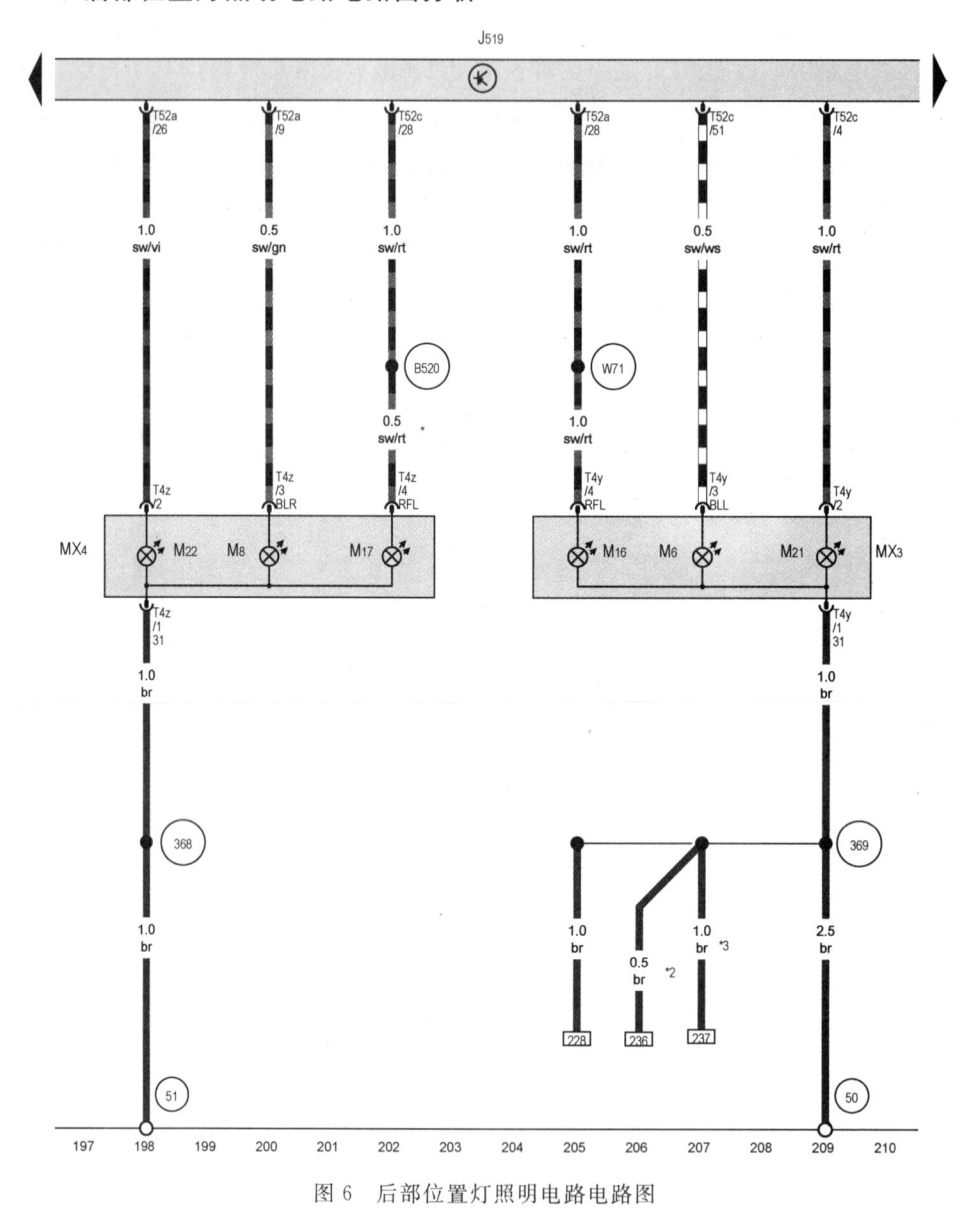

图 6　后部位置灯照明电路电路图

根据电路图，M21 左侧制动信号灯和尾灯灯泡由 J519 车载电网控制单元 T52c/4 线束供电，经 MX3 左前尾灯总成的 T4y/1 搭铁至 50 搭铁点，构成回路。

在点火开关打开后，J519 车载电网控制单元启动内部冷监控逻辑电路通过 T52c/4 线束向 M21 左侧制动信号灯和尾灯灯泡发送一个逻辑判定信号，若 M21 左侧制动信号灯和尾灯灯泡正常且线束正常，该信号通过 M21 左侧制动信号灯和尾灯灯泡后会有所衰减，此时 J519 车载电网控制单元内部逻辑判定电路判定 M21 左侧制动信号灯和尾灯灯泡正常，无故障码，中央显示屏不会列出文本信息加以提示；若 M21 左侧制动信号灯、尾灯灯泡损坏和线束损坏，该信号通过 M21 左侧制动信号灯和尾灯灯泡后没有衰减，此时 J519 车载电网控制单元内部逻辑判定电路判定 M21 左侧制动信号灯和尾灯灯泡损坏，J519 车载电网控制单元会从内部存储器中调取对应故障码，存放在临时存储器中，中央显示屏列出文本信息加以提示。

当车灯开关 E1 位于位置灯挡位时，J519 车载电网控制单元通过 T52c/4 线束向 M21 左侧制动信号灯和尾灯灯泡供电，同时启动内部热监控逻辑电路，实时监测 M21 左侧制动信号灯和尾灯灯泡及供电线束、搭铁线束是否电路过载、短路或断路。若存在电路过载、短路或断路，输出电流异常，J519 车载电网控制单元内部逻辑判定电路判定 M21 左侧制动信号灯和尾灯灯泡电路损坏，J519 车载电网控制单元会从内部存储器中调取对应故障码，存放在临时存储器中，中央显示屏列出文本信息加以提示；若无电路过载、短路或断路，输出电流正常，J519 车载电网控制单元内部逻辑判定电路判定 M21 左侧制动信号灯和尾灯灯泡正常，此时无故障码，中央显示屏不列出文本信息加以提示。

M22 右侧制动信号灯和尾灯灯泡电路控制逻辑及报码逻辑与 M21 左侧制动信号灯和尾灯灯泡控制逻辑及报码逻辑相同。

5. 牌照灯电路电路图分析

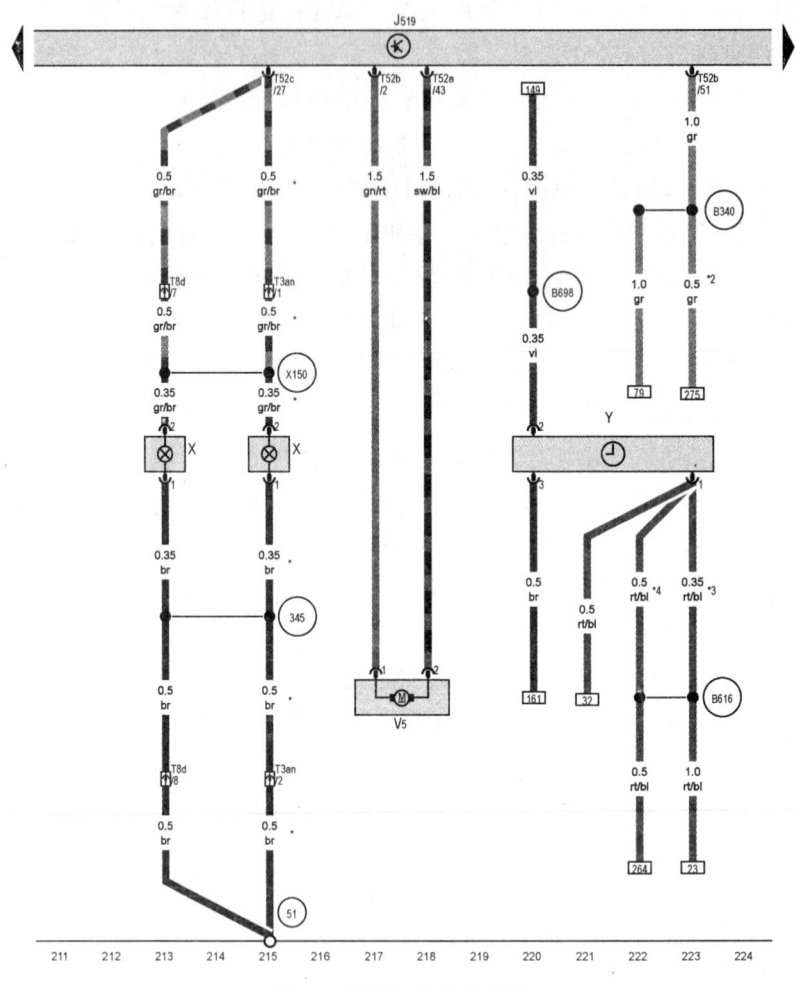

图 7　牌照灯电路电路图

根据电路图，牌照灯由 J519 车载电网控制单元 T52c/27 线束供电，经牌照灯的 1 针脚搭铁至 51 搭铁点，构成回路。

在点火开关打开后，J519 车载电网控制单元启动内部冷监控逻辑电路通过 T52c/27 线束向牌照灯灯泡发送一个逻辑判定信号，若牌照灯灯泡正常和线束正常，该信号通过牌照灯灯泡后会有所衰减，此时 J519 车载电网控制单元内部逻辑判定电路判定牌照灯灯泡正常，无故障码，中央显示屏不会列出文本信息加以提示；若牌照灯灯泡损坏和线束损坏，该信号通过牌照灯灯泡后没有衰减，此时 J519 车载电网控制单元内部逻辑判定电路判定牌照灯灯泡损坏，J519 车载电网控制单元会从内部存储器中调取对应故障码，存放在临时存储器中，中央显示屏列出文本信息加以提示。

当车灯开关 E1 位于位置灯挡位时，J519 车载电网控制单元通过 T52c/27 线束向牌照灯灯泡供电，同时启动内部热监控逻辑电路，实时监测牌照灯灯泡及供电线束、搭铁线束是否电路过载、短路或断路、若存在电路过载、短路或断路，输出电流异常，J519车载电网控制单元内部逻辑判定电路判定牌照灯灯泡电路损坏，J519车载电网控制单元会从内部存储器中调取对应故障码，存放在临时存储器中，中央显示屏列出文本信息加以提示；若无电路过载、短路或断路，输出电流正常，J519车载电网控制单元内部逻辑判定电路判定牌照灯灯泡电路正常，此时无故障码，中央显示屏不列出文本信息加以提示。

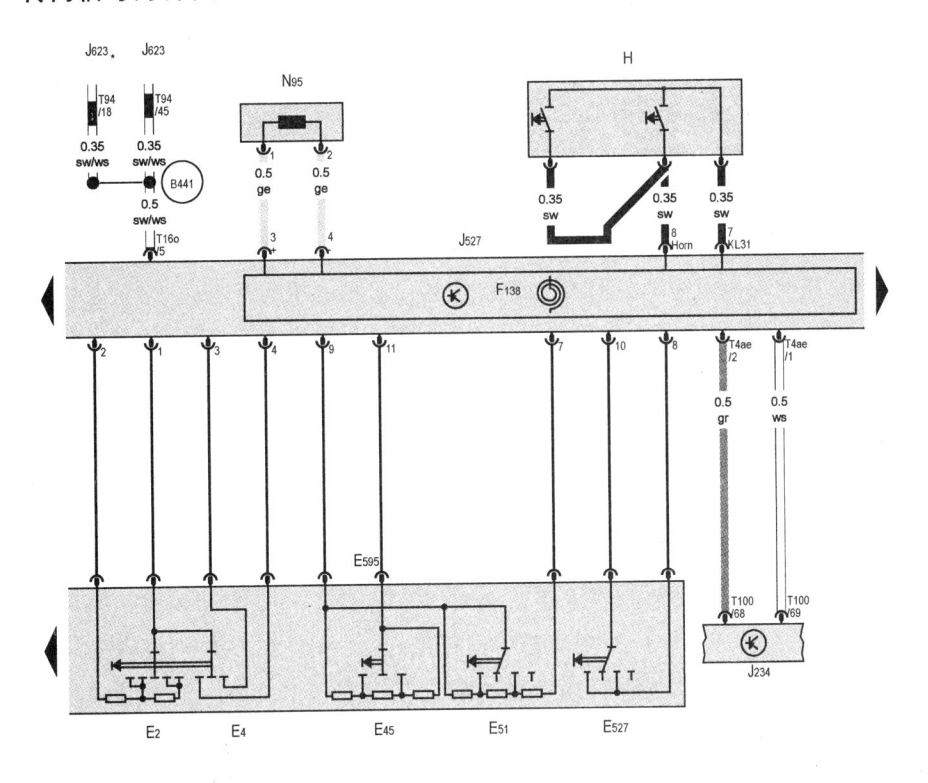

三、转向信号灯开关 E2

转向信号灯开关 E2 电路电路图分析

图 8　转向信号灯开关 E2 电路电路图

当打开点火开关时，转向柱组合开关 E595 内的转向信号灯开关 E2 共有 5 个挡位，分别是 OFF 挡位、左触碰复位转向挡位、右触碰复位转向挡位、左转向挡位、右转向挡位，5 个挡位通过内部连接线 1 针脚和 2 针脚与 J527 转向柱电子装置控制单元相连，J527 转向柱电子装置控制单元内部有上拉电阻逻辑供电及信号判定电路。

不打开点火开关时，转向柱组合开关 E595 内的转向信号灯开关 E2 共有 3 个挡位，分别是 OFF 挡位、左侧停车灯挡位、右侧停车灯挡位，3 个挡位通过内部连接线 1 针脚和 2 针脚与 J527 转向柱电子装置控制单元相连，J527 转向柱电子装置控制单元内部有上拉电阻逻辑供电及信号判定电路。

（1）OFF 挡位：当转向信号灯开关 E2 被操作至 OFF 挡位时，即触点在中间位置，连接线 1 针脚和 2 针脚之间为断路状态，J527 转向柱电子装置控制单元内部信号判定电路监测到信号电压为 5 V，根据 J527 转向柱电子装置控制单元内部存储数据，判断驾驶员的意图为转向信号灯开关 E2 位于 OFF 挡位。

（2）左转向挡位：当转向信号灯开关 E2 被操作至左转向挡位时，即触点在最左侧开关位置，连接线 1 针脚和 2 针脚之间通过最左侧开关接通，此时线路中左侧的电阻与 J527 转向柱电子装置控制单元内部上拉电阻逻辑供电电路接通，J527 转向柱电子装置控制单元内部信号判定电路监测到信号电压为 0～5 V 中的某一电压值（此电压值需实训教师在实训车辆测量后进行标定），根据 J527 转向柱电子装置控制单元内部存储数据，判断驾驶员的意图为转向信号灯开关 E2 位于左转向挡位。

（3）左触碰复位转向挡位：当转向信号灯开关 E2 被操作至左触碰复位转向挡位时，即触点在自左数第二个开关位置，连接线 1 针脚和 2 针脚之间通过自左数第二个开关接通，接通后复位至 OFF 挡位。此时线路中左侧的电阻与 J527 转向柱电子装置控制单元内部上拉电阻逻辑供电电路接通，接通后又随即断开，J527 转向柱电子装置控制单元内部信号判定电路监测到信号电压为 0～5 V 中的某一瞬间电压值（此电压值需实训教师在实训车辆测量后进行标定），根据 J527 转向柱电子装置控制单元内部存储数据，判断驾驶员的意图为转向信号灯开关 E2 位于左触碰复位转向挡位。该开关接通后会通过内部机械装置随即复位至 OFF 挡位，左转向灯通常只会闪烁三下，随后熄灭。

（4）右转向挡位：当转向信号灯开关 E2 被操作至右转向挡位时，即触点在最右侧开关位置，连接线 1 针脚和 2 针脚之间通过最右侧开关接通，此时线路中右侧的电阻与 J527 转向柱电子装置控制单元内部上拉电阻逻辑供电电路接通，J527 转向柱电子装置控制单元内部信号判定电路监测到信号电压为 0～5 V 中的某一电压值（此电压值需实训教师在实训车辆测量后进行标定，并与左转向挡位电压不同），根据 J527 转向柱电子装置控制单元内部存储数据，判断驾驶员的意图为转向信号灯开关 E2 位于右转向挡位。

（5）右触碰复位转向挡：当转向信号灯开关 E2 被操作至右触碰复位转向挡位

时，即触点在自右侧第二个开关位置，连接线1针脚和2针脚之间通过自右数第二个开关接通，接通后复位至OFF挡位。此时线路中右侧的电阻与J527转向柱电子装置控制单元内部上拉电阻逻辑供电电路接通，接通后又随即断开，J527转向柱电子装置控制单元内部信号判定电路监测到信号电压为0~5 V中的某一瞬间电压值（此电压值需实训教师在实训车辆测量后进行标定，并与左侧挡位电压不同），根据J527转向柱电子装置控制单元内部存储数据，判断驾驶员的意图为转向信号灯开关E2位于右触碰复位转向挡位。该开关接通后会通过内部机械装置随即复位至OFF挡位，右转向灯通常只会闪烁三下，随后熄灭。

（6）左侧停车灯挡位：不打开点火开关时，当转向信号灯开关E2被操作至左侧停车灯挡位时，即触点在最左侧开关位置，此时该操作唤醒J527转向柱电子装置控制单元，并唤醒舒适CAN总线，连接线1针脚和2针脚之间通过最左侧开关接通，此时线路中左侧的电阻与J527转向柱电子装置控制单元内部上拉电阻逻辑供电电路接通，J527转向柱电子装置控制单元内部信号判定电路监测到信号电压为0~5 V中的某一电压值（此电压值需实训教师在实训车辆测量后进行标定），根据J527转向柱电子装置控制单元内部存储数据，判断驾驶员的意图为转向信号灯开关E2位于左侧停车灯挡位。

（7）右侧停车灯挡位：不打开点火开关时，当转向信号灯开关E2被操作至右侧停车灯挡位时，即触点在最右侧开关位置，此时该操作唤醒J527转向柱电子装置控制单元，并唤醒舒适CAN总线，连接线1针脚和2针脚之间通过最右侧开关接通，此时线路中右侧的电阻与J527转向柱电子装置控制单元内部上拉电阻逻辑供电电路接通，J527转向柱电子装置控制单元内部信号判定电路监测到信号电压为0~5 V中的某一电压值（此电压值需实训教师在实训车辆测量后进行标定，并与左侧挡位电压不同），根据J527转向柱电子装置控制单元内部存储数据，判断驾驶员的意图为转向信号灯开关E2位于右侧停车灯挡位。

四、转向信号灯开关 E2 照明执行器

1. 前部转向信号灯灯泡与停车灯灯泡电路图分析

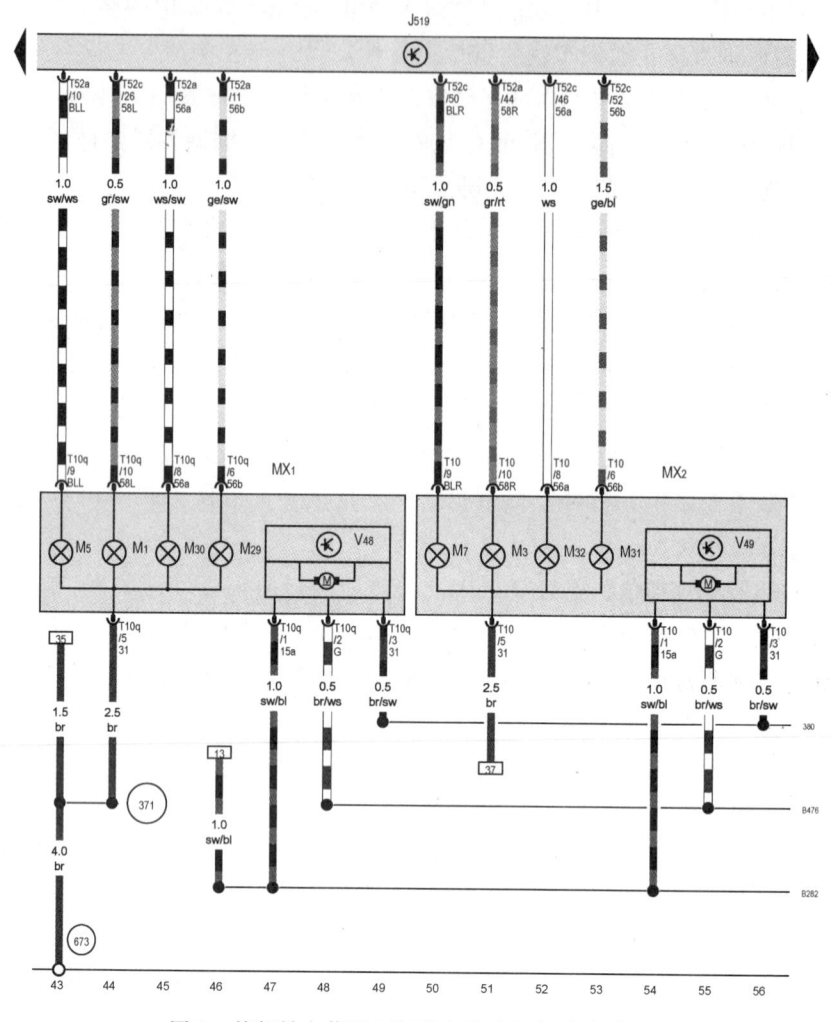

图 9　前部转向信号灯灯泡与停车灯灯泡电路图

（1）前部转向信号灯灯泡电路：根据电路图，M5 左前转向信号灯灯泡由 J519 车载电网控制单元 T52a/10 线束供电，经 MX1 左前大灯总成的 T10q/5 搭铁至 673 搭铁点，构成回路。

J519 车载电网控制单元是通过舒适 CAN 总线与 J527 转向柱电子装置控制单元进行通信的，当驾驶员操作转向信号灯开关 E2 至某个转向信号灯挡位时，由 J527 转向柱电子装置控制单元分析驾驶员意图，并通过舒适 CAN 总线将执行点亮对应该挡位的转向信号灯指令送至 J519 车载电网控制单元与 J285 仪表板中的控制单元，J285 仪表板中的控制单元收到该指令后，点亮仪表板中的转向灯指示灯；J519 车载电网控制单元分析指令后，向执行器供电完成点亮任务。

项目四 照明与信号系统控制逻辑与故障检修

在点火开关打开后，J519 车载电网控制单元启动内部冷监控逻辑电路通过 T52a/10 线束向 M5 左前转向信号灯灯泡发送一个逻辑判定信号，若 M5 左前转向信号灯灯泡正常和线束正常，该信号通过 M5 左前转向信号灯灯泡后会有所衰减，此时 J519 车载电网控制单元内部逻辑判定电路判定 M5 左前转向信号灯灯泡正常，无故障码，中央显示屏不会列出文本信息加以提示；若 M5 左前转向信号灯灯泡损坏和线束损坏，该信号通过 M5 左前转向信号灯灯泡后没有衰减，此时 J519 车载电网控制单元内部逻辑判定电路判定 M5 左前转向信号灯灯泡损坏，J519 车载电网控制单元会从内部存储器中调取对应故障码，存放在临时存储器中，中央显示屏列出文本信息加以提示。

当转向信号灯开关 E2 位于左转向挡位或左触碰复位转向挡位时，J519 车载电网控制单元通过 T52a/10 线束向 M5 左前转向信号灯灯泡提供一个占空比信号点亮转向灯，使转向灯闪烁，同时启动内部热监控逻辑电路，实时监测 M5 左前转向信号灯灯泡及供电线束、搭铁线束是否电路过载、短路或断路，若存在电路过载、短路或断路，占空比信号异常，J519 车载电网控制单元内部逻辑判定电路判定 M5 左前转向信号灯灯泡电路损坏，J519 车载电网控制单元会从内部存储器中调取对应故障码，存放在临时存储器中，中央显示屏列出文本信息加以提示；若无电路过载、短路或断路，占空比信号正常，J519 车载电网控制单元内部逻辑判定电路判定 M5 左前转向信号灯灯泡正常，此时无故障码，中央显示屏不列出文本信息加以提示。

M7 右前转向信号灯灯泡控制逻辑及报码逻辑与 M5 左前转向信号灯灯泡控制逻辑及报码逻辑相同。

（2）停车灯灯泡电路：根据电路图，在不打开点火开关的情况下，当驾驶员操作转向信号灯开关 E2 至左侧停车灯挡位时，该操作唤醒 J527 转向柱电子装置控制单元，并唤醒舒适 CAN 总线，J519 车载电网控制单元是通过舒适 CAN 总线与 J527 转向柱电子装置控制单元进行通信的，由 J527 转向柱电子装置控制单元分析驾驶员意图，并通过舒适 CAN 总线将执行点亮对应该挡位的停车灯指令送至 J519 车载电网控制单元与 J285 仪表板中的控制单元，J285 仪表板中的控制单元收到该指令后，会在中央显示屏中提示"关闭车灯"字样；J519 车载电网控制单元分析指令后，向执行器供电完成点亮任务，M1 左侧停车灯灯泡由 J519 车载电网控制单元 T52c/26 线束供电，经 MX1 左前大灯 T10q/5 搭铁至 673 搭铁点，构成回路。

在不打开点火开关的情况下，J519 车载电网控制单元被停车灯指令唤醒后，内部冷监控逻辑电路通过 T52c/26 线束向 M1 左侧停车灯灯泡发送一个逻辑判定信号，若 M1 左侧停车灯灯泡正常和线束正常，该信号通过 M1 左侧停车灯灯泡后会有所衰减，此时 J519 车载电网控制单元内部逻辑判定电路判定 M1 左侧停车灯灯泡正常，无故障码，中央显示屏不会列出文本信息加以提示；若 M1 左侧停车灯灯泡损坏和线束损坏，该信号通过 M1 左侧停车灯灯泡后没有衰减，此时 J519 车载电网控制单元内部逻辑判定电路判定 M1 左侧停车灯灯泡损坏，J519 车载电网控制单元会从内部存储器中调取对应故障码，存放在临时存储器中，中央显示屏列出文本信息加以提示。

当 J519 车载电网控制单元被停车灯指令唤醒后，通过 T52c/26 线束向 M1 左侧停车灯灯泡供电后，同时启动内部热监控逻辑电路，实时监测 M1 左侧停车灯灯泡及供电线束、搭铁线束是否电路过载、短路或断路，若存在电路过载、短路或断路，输出电流异常，J519 车载电网控制单元内部逻辑判定电路判定 M1 左侧停车灯灯泡电路损坏，J519 车载电网控制单元会从内部存储器中调取对应故障码，存放在临时存储器中，中央显示屏列出文本信息加以提示；若无电路过载、短路或断路，输出电流正常，J519 车载电网控制单元内部逻辑判定电路判定 M1 左侧停车灯灯泡电路正常，此时无故障码，中央显示屏不列出文本信息加以提示。

M3 右侧停车灯灯泡电路控制逻辑及报码逻辑与 M1 左侧停车灯灯泡电路控制逻辑及报码逻辑相同。

2. 后部转向信号灯灯泡电路图分析

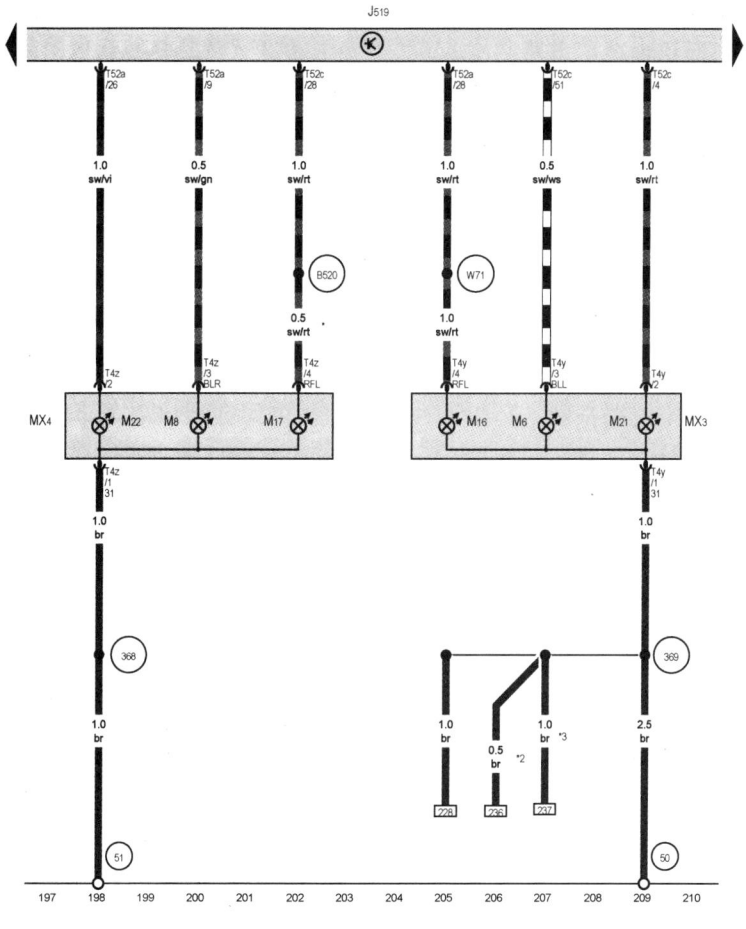

图10 后部转向信号灯灯泡电路图

根据电路图，M6 左后转向信号灯灯泡由 J519 车载电网控制单元 T52c/51 线束供电，经 MX3 左后尾灯总成的 T4y/1 搭铁至 50 搭铁点，构成回路。

J519 车载电网控制单元是通过舒适 CAN 总线与 J527 转向柱电子装置控制单元进行通信的，当驾驶员操作转向信号灯开关 E2 至某个转向信号灯挡位时，由 J527 转向柱电子装置控制单元分析驾驶员意图，并通过舒适 CAN 总线将执行点亮对应该挡位的转向信号灯指令送至 J519 车载电网控制单元与 J285 仪表板中的控制单元，J285 仪表板中的控制单元收到该指令后，点亮仪表板中的转向灯指示灯；J519 车载电网控制单元分析指令后，向执行器供电完成点亮任务。

在点火开关打开后，J519 车载电网控制单元启动内部冷监控逻辑电路通过 T52c/51 线束向 M6 左后转向信号灯灯泡发送一个逻辑判定信号，若 M6 左后转向信号灯灯泡正常和线束正常，该信号通过 M6 左后转向信号灯灯泡后会有所衰减，此时 J519 车载电网控制单元内部逻辑判定电路判定 M6 左后转向信号灯灯泡正常，无故障码，中央显示屏不会列出文本信息加以提示；若 M6 左后转向信号灯灯泡损坏和线束损坏，该信号通过 M6 左后转向信号灯灯泡后没有衰减，此时 J519 车载电网控制单元内部逻辑判定电路判定 M6 左后转向信号灯灯泡损坏，J519 车载电网控制单元会从内部存储器中调取对应故障码，存放在临时存储器中，中央显示屏列出文本信息加以提示。

当转向信号灯开关 E2 位于左转向挡位或左触碰复位转向挡位时，J519 车载电网控制单元通过 T52a/10 线束向 M6 左后转向信号灯灯泡提供一个占空比信号点亮转向灯，使转向灯闪烁，同时启动内部热监控逻辑电路，实时监测 M6 左后转向信号灯灯泡及供电线束、搭铁线束是否电路过载、短路或断路，若存在电路过载、短路或断路，占空比信号异常，J519 车载电网控制单元内部逻辑判定电路判定 M6 左后转向信号灯灯泡电路损坏，J519 车载电网控制单元会从内部存储器中调取对应故障码，存放在临时存储器中，中央显示屏列出文本信息加以提示；若无电路过载、短路或断路，占空比信号正常，J519 车载电网控制单元内部逻辑判定电路判定 M6 左后转向信号灯灯泡正常，此时无故障码，中央显示屏不列出文本信息加以提示。

M8 右后转向信号灯灯泡控制逻辑及报码逻辑与 M6 左后转向信号灯灯泡控制逻辑及报码逻辑相同。

3. 侧转向信号灯灯泡电路图分析

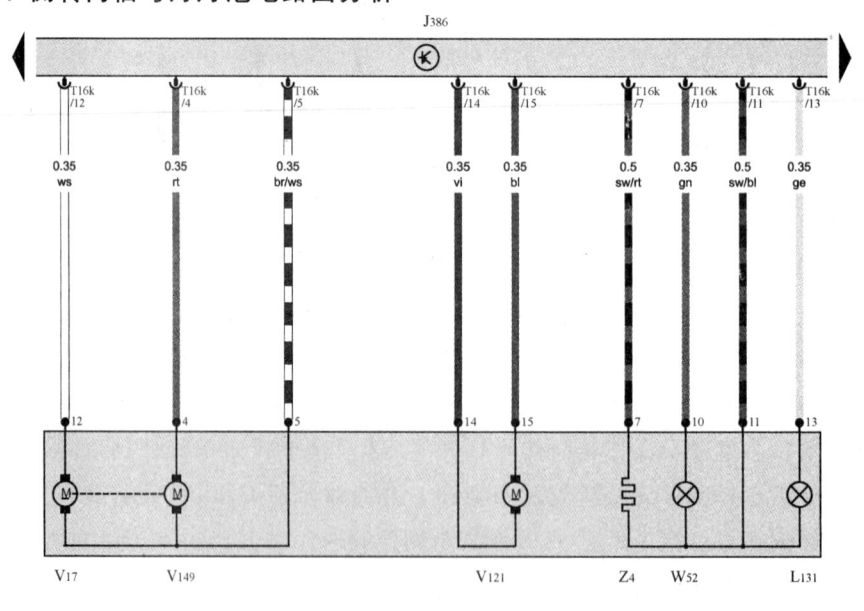

图 11 侧转向信号灯灯泡电路图

根据电路图，L131 驾驶员侧外后视镜警告灯泡由 J386 驾驶员侧车门控制单元 T16k/13 线束供电，经 T16k/11 搭铁至 J386 驾驶员侧车门控制单元内部，构成回路。

J386 驾驶员侧车门控制单元是通过舒适 CAN 总线与 J527 转向柱电子装置控制单元进行通信的，当驾驶员操作转向信号灯开关 E2 至某个转向信号灯挡位时，由 J527 转向柱电子装置控制单元分析驾驶员意图，并通过舒适 CAN 总线将执行点亮对应该挡位的转向信号灯指令送至 J386 驾驶员侧车门控制单元与 J285 仪表板中的控制单元，J285 仪表板中的控制单元收到该指令后，点亮仪表板中的转向灯指示灯；J386 驾驶员侧车门控制单元分析指令后，向执行器供电完成点亮任务。

在点火开关打开后，J386 驾驶员侧车门控制单元启动内部冷监控逻辑电路通过 T16k/13 线束向 L131 驾驶员侧外后视镜警告灯泡发送一个逻辑判定信号，若 L131 驾驶员侧外后视镜警告灯泡正常和线束正常，该信号通过 L131 驾驶员侧外后视镜警告灯泡后会有所衰减，此时 J386 驾驶员侧车门控制单元内部逻辑判定电路判定 L131 驾驶员侧外后视镜警告灯泡正常，无故障码，中央显示屏不会列出文本信息加以提示；若 L131 驾驶员侧外后视镜警告灯泡损坏和线束损坏，该信号通过 L131 驾驶员侧外后视镜警告灯泡后没有衰减，此时 J386 驾驶员侧车门控制单元内部逻辑判定电路判定 L131 驾驶员侧外后视镜警告灯泡损坏，J386 驾驶员侧车门控制单元会从内部存储器中调取对应故障码，存放在临时存储器中，并在中央显示屏列出文本信息加以提示。

当转向信号灯开关 E2 位于左转向挡位或左触碰复位转向挡位时，J386 驾驶员侧车门控制单元通过 T16k/13 线束向 L131 驾驶员侧外后视镜警告灯泡提供一个占空比信号点亮转向灯，使转向灯闪烁，同时启动内部热监控逻辑电路，实时监测 L131 驾驶员侧外后视镜警告灯泡及供电线束、搭铁线束是否电路过载、短路或断路，若存在电路过载、短路或断路，占空比信号异常，J386 驾驶员侧车门控制单元内部逻辑判定电路判定 L131 驾驶员侧外后视镜警告灯泡电路损坏，J386 驾驶员侧车门控制单元会从内部存储器中调取对应故障码，存放在临时存储器中，中央显示屏列出文本信息加以提示；若无电路过载、短路或断路，占空比信号正常，J386 驾驶员侧车门控制单元内部逻辑判定电路判定 L131 驾驶员侧外后视镜警告灯泡正常，此时无故障码，中央显示屏不列出文本信息加以提示。

L132 副驾驶员侧外后视镜警告灯泡控制逻辑及报码逻辑与 L131 驾驶员侧外后视镜警告灯泡控制逻辑及报码逻辑相同。

五、前雾灯开关 E7 和后雾灯开关 E18

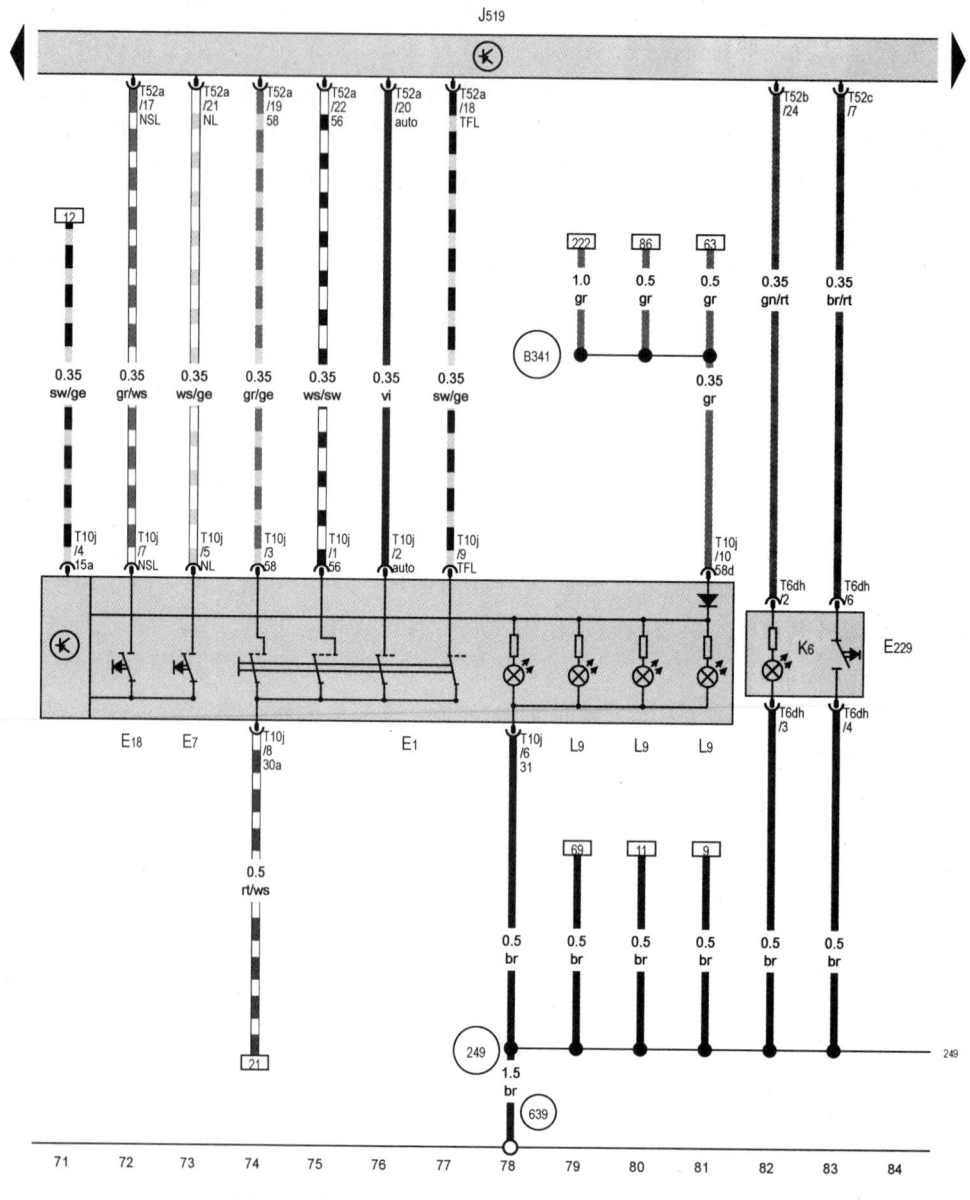

1. 前雾灯开关 E7 和后雾灯开关 E18 电路图分析

图 12 前雾灯开关 E7 和后雾灯开关 E18 电路图

根据电路图，前雾灯开关 E7 通过 T10j/5 导线与 J519 相连，后雾灯开关 E18 通过 T10j/7 导线与 J519 相连，且在开关内部，前雾灯开关 E7 和后雾灯开关 E18 与同一逻辑电路相连，逻辑电路供电跳转 12 地址。

2. 前雾灯开关 E7 和后雾灯开关 E18 跳转 12 地址电路图分析

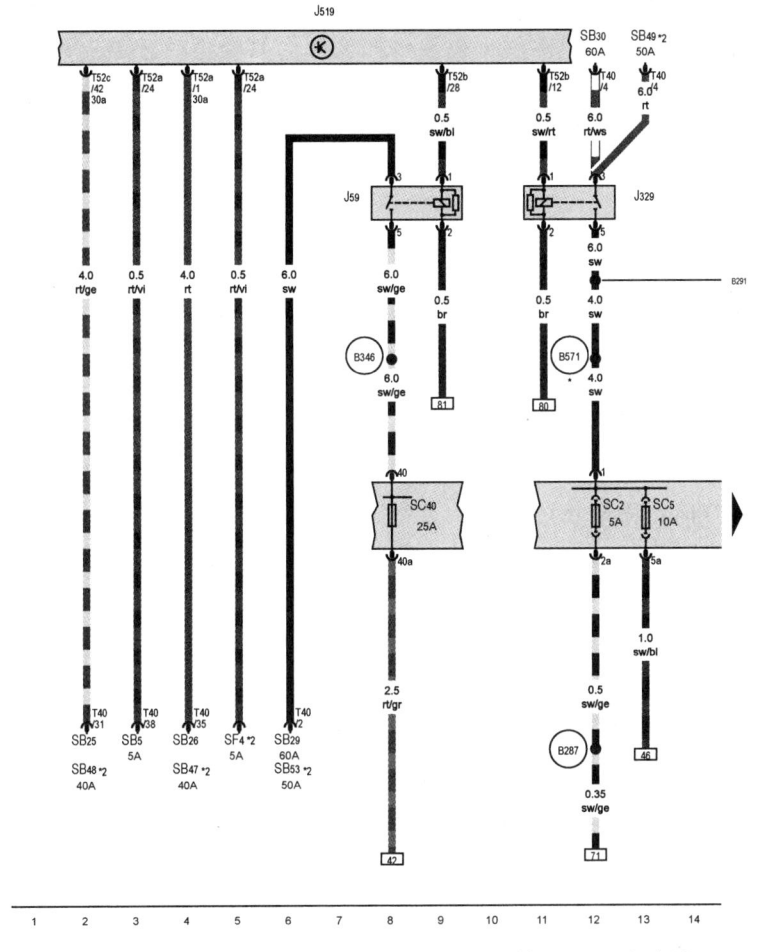

图 13　前雾灯开关 E7 和后雾灯开关 E18 跳转 12 地址电路图

根据断线代号法，可查询图 12 中的 12 地址与图 13 中的 71 地址相连，其上游供电来自 SC2 保险，该保险的上游供电来自 J329 继电器 87 输出端。

（1）前雾灯挡位：迈腾 B7 车灯开关 E1 与前雾灯开关 E7 及后雾灯开关 E18 共同优化在同一个旋转组合开关上，因其独特的机械锁止机构，使得前雾灯挡位与后雾灯挡位只能在车灯开关 E1 位于位置灯挡位和大灯挡位时才能向外提出，向外提出第一挡时为前雾灯挡位。在 OFF 挡位和 AUTO 挡位时无法向外提出打开前雾灯挡位。

如图 13 所示，当打开点火开关，驾驶员打开前雾灯挡位时，前雾灯开关 E7 被接通，开关内部逻辑电路会将 5 V 信号电压送至车载电网控制单元 J519，J519 车载电网控制单元内部通过监测该信号电压，分析驾驶员的意图，点亮或关闭前雾灯；同时将该意图通过舒适 CAN 总线送至 J285 仪表板中的控制单元，点亮或关闭前雾灯指示灯。

（2）后雾灯挡位：迈腾 B7 车灯开关 E1 与前雾灯开关 E7 及后雾灯开关 E18 共同优化在同一个旋转组合开关上，因其独特的机械锁止机构，使得前雾灯挡位与后雾灯挡位只能在车灯开关 E1 位于位置灯挡位和大灯挡位时才能向外提出，向外提出第二挡时为后雾灯挡位，在操作开关时，也可将开关直接提出到极限位置，此时前后雾灯均处于打开状态。在 OFF 挡位和 AUTO 挡位时无法向外提出打开后雾灯挡位。

当打开点火开关，驾驶员打开后雾灯挡位时，后雾灯开关 E7 被接通，开关内部逻辑电路会将 5 V 信号电压送至车载电网控制单元 J519，J519 车载电网控制单元内部通过监测该信号电压，分析驾驶员的意图，点亮或关闭后雾灯；同时将该意图通过舒适 CAN 总线送至 J285 仪表板中的控制单元，点亮或关闭后雾灯指示灯。

六、前雾灯开关 E7 和后雾灯开关 E18 照明执行器

1. 前雾灯电路图分析

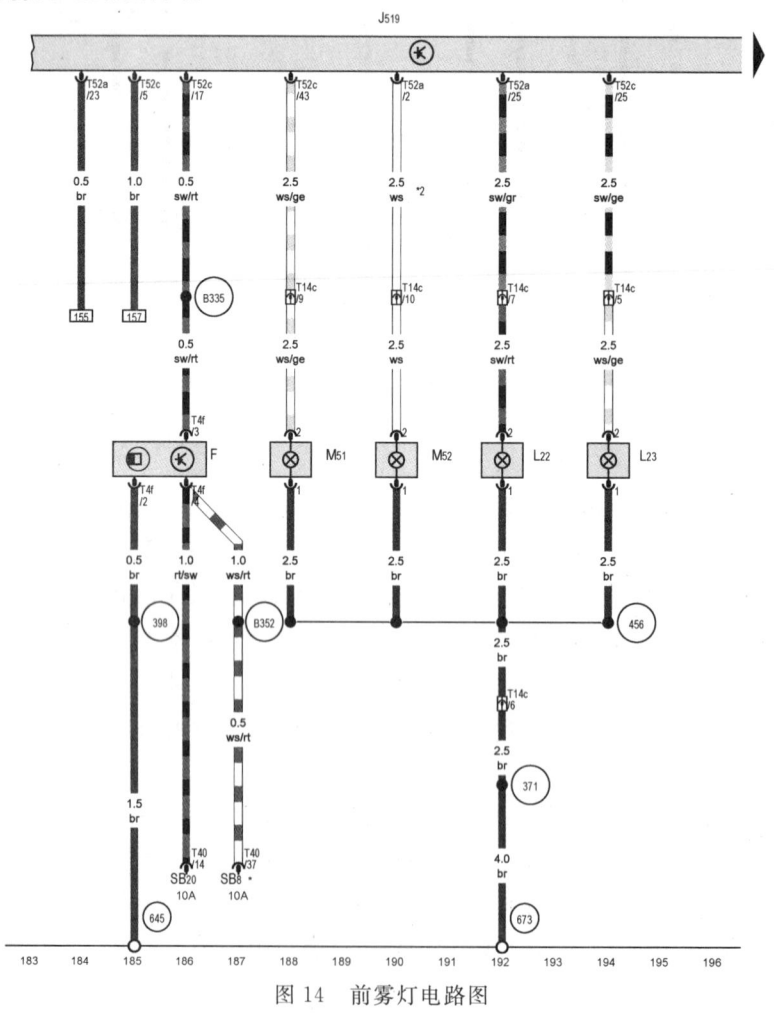

图 14　前雾灯电路图

根据电路图，L22 左侧前雾灯灯泡 2 针脚的供电来自 J519 的 T52a/25 针脚，通过 1 针脚与搭铁点 673 相连，构成回路。

在点火开关打开后，J519 车载电网控制单元启动内部冷监控逻辑电路通过 T52a/25 线束向 L22 左侧前雾灯灯泡电路发送一个逻辑判定信号，若 L22 左侧前雾灯灯泡正常和线束正常，该信号通过 L22 左侧前雾灯灯泡后会有所衰减，此时 J519 车载电网控制单元内部逻辑判定电路判定 L22 左侧前雾灯灯泡正常，无故障码，中央显示屏不会列出文本信息加以提示；若 L22 左侧前雾灯灯泡损坏和线束损坏，该信号通过 L22 左侧前雾灯灯泡后没有衰减，此时 J519 车载电网控制单元内部逻辑判定电路判定 L22 左侧前雾灯灯泡损坏，J519 车载电网控制单元会从内部存储器中调取对应故障码，存放在临时存储器中，中央显示屏列出文本信息加以提示。

当打开点火开关，车灯开关 E1 位于位置灯挡位或大灯挡位且前雾灯开关 E7 被提至第一挡时，J519 车载电网控制单元将驾驶员意图通过舒适 CAN 总线与 J285 仪表板中的控制单元通信，J285 仪表板中的控制单元收到该指令后，点亮仪表板中的前雾灯指示灯；同时 J519 车载电网控制单元通过 T52a/25 线束向 L22 左侧前雾灯灯泡供电，同时启动内部热监控逻辑电路，实时监测 L22 左侧前雾灯灯泡及供电线束、搭铁线束是否电路过载、短路或断路，若存在电路过载、短路或断路，输出电流异常，J519 车载电网控制单元内部逻辑判定电路判定 L22 左侧前雾灯灯泡电路损坏，J519 车载电网控制单元会从内部存储器中调取对应故障码，存放在临时存储器中，中央显示屏列出文本信息加以提示；若无电路过载、短路或断路，输出电流正常，J519 车载电网控制单元内部逻辑判定电路判定 L22 左侧前雾灯灯泡电路正常，此时无故障码，中央显示屏不列出文本信息加以提示。

车辆行驶过程中，J527 转向柱电子装置控制单元会将转向角度、转向方向及转向速度通过舒适 CAN 总线送至全车控制单元，J519 车载电网控制单元会根据这些转向数据信息，并结合转向信号灯开关 E2 的挡位信息及车灯开关 E1 的信息判定是否开启转向辅助灯功能。车辆行驶过程中，J519 车载电网控制单元监测到车灯开关 E1 处于 AUTO 挡位、位置灯挡位或大灯挡位时，会根据车辆转向数据信息打开相应侧的雾灯，实现转向辅助照明功能，为驾驶员提供更好的驾驶视野；当车辆在行驶过程中，J519 车载电网控制单元未监测到车灯开关 E1 处于 AUTO 挡位、位置灯挡位或大灯挡位时，此时即使车辆处于转向状态，J519 车载电网控制单元读取到了转向数据信息，J519 车载电网控制单元也不会打开相应侧的雾灯。

L23 右侧前雾灯灯泡电路控制逻辑及报码逻辑与 L22 左侧前雾灯灯泡电路控制逻辑及报码逻辑相同。

2. 后雾灯电路图分析

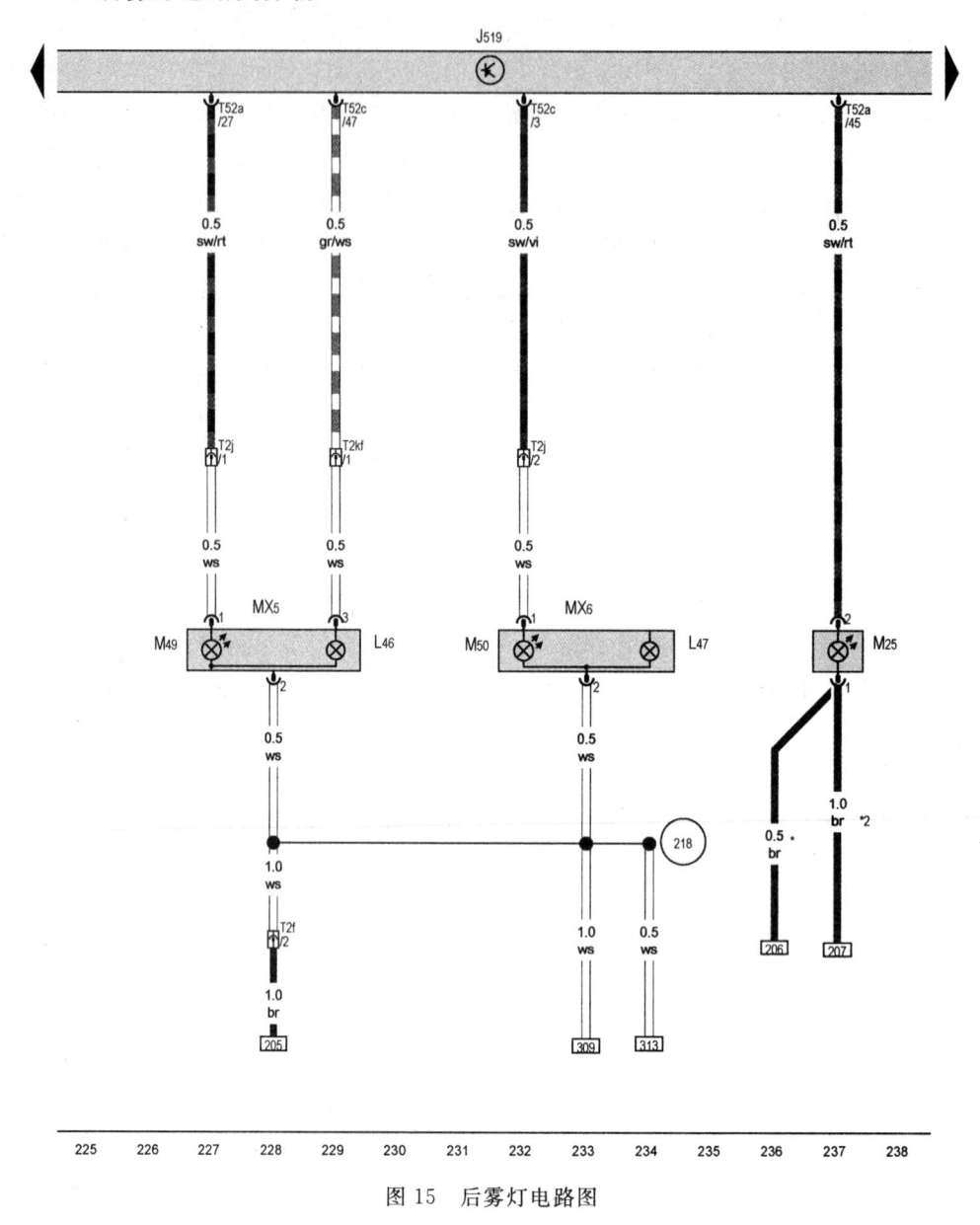

图 15　后雾灯电路图

根据电路图，L46 左侧后雾灯灯泡 3 针脚的供电来自 J519 的 T52c/47 针脚，通过 2 针脚跳至地址 205，详见维修手册电路图。

3. 后雾灯电路跳转 205 地址电路图分析

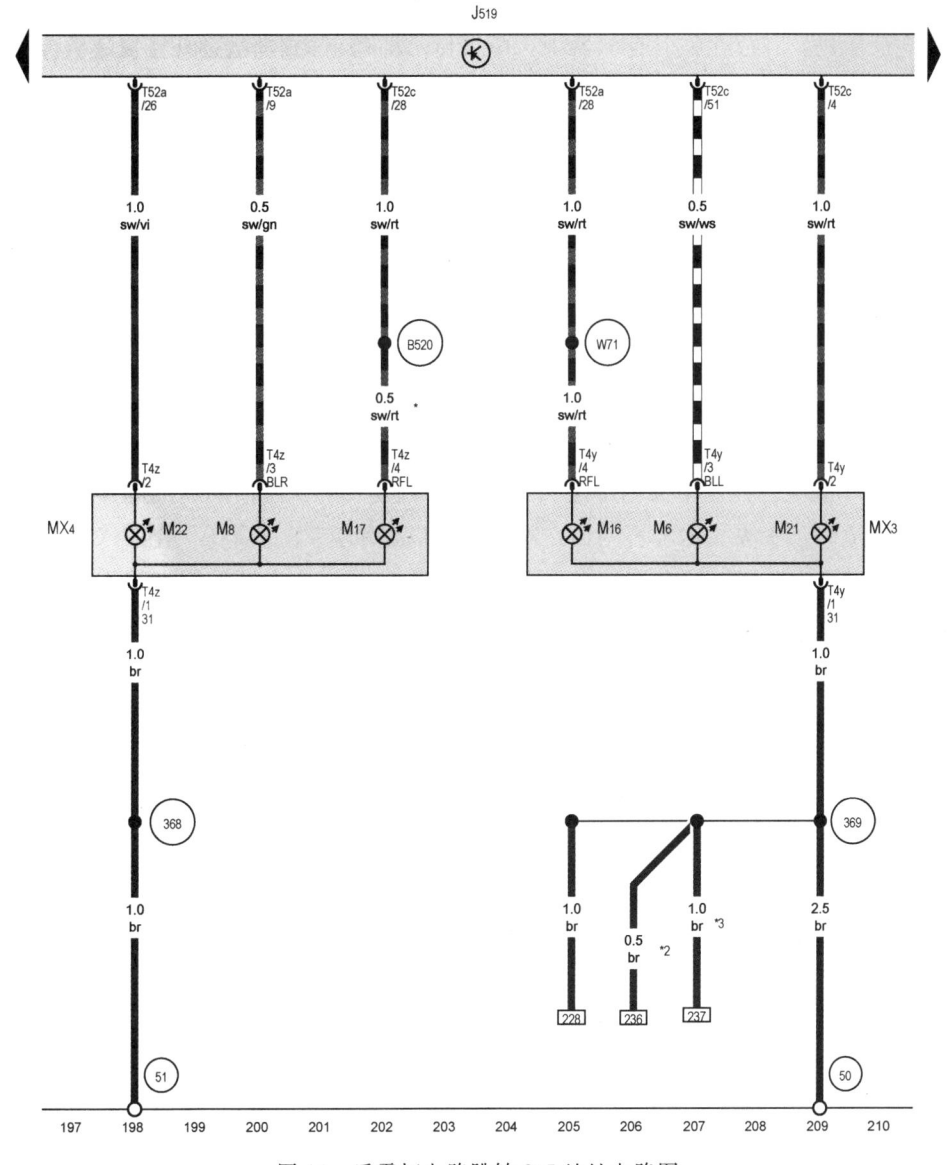

图 16 后雾灯电路跳转 205 地址电路图

根据断线代号法，图 15 中的 205 地址线束与图 16 中的 228 地址线束相连，并通过 369 焊接点与 50 搭铁点相连，构成回路。

在点火开关打开后，J519 车载电网控制单元启动内部冷监控逻辑电路通过 T52c/47 线束向 L46 左侧后雾灯灯泡电路发送一个逻辑判定信号，若 L46 左侧后雾灯灯泡正常和线束正常，该信号通过 L46 左侧后雾灯灯泡后会有所衰减，此时 J519 车载电网控制单元内部逻辑判定电路判定 L46 左侧后雾灯灯泡正常，无故障码，中央显示屏不会列出文本信息加以提示；若 L46 左侧后雾灯灯泡损坏和线束损坏，该信号通过 L46 左侧后雾灯灯泡后没有衰减，此时 J519 车载电网控制单元内部逻辑判定电路判定 L46 左侧后雾灯灯泡损坏，J519 车载电网控制单元会从内部存储器中调取对应故障码，存放在临时存储器中，中央显示屏列出文本信息加以提示。

当打开点火开关，车灯开关 E1 位于位置灯挡位或大灯挡位且前雾灯开关 E7 被提至第二挡时，J519 车载电网控制单元将驾驶员意图通过舒适 CAN 总线与 J285 仪表板中的控制单元通信，J285 仪表板中的控制单元收到该指令后，点亮仪表板中的后雾灯指示灯；同时 J519 车载电网控制单元通过 T52c/47 线束向 L46 左侧后雾灯灯泡供电，同时启动内部热监控逻辑电路，实时监测 L46 左侧后雾灯灯泡及供电线束、搭铁线束是否电路过载、短路或断路，若存在电路过载、短路或断路，输出电流异常，J519 车载电网控制单元内部逻辑判定电路判定 L46 左侧后雾灯灯泡电路损坏，J519 车载电网控制单元会从内部存储器中调取对应故障码，存放在临时存储器中，中央显示屏列出文本信息加以提示；若无电路过载、短路或断路，输出电流正常，J519 车载电网控制单元内部逻辑判定电路判定 L46 左侧后雾灯灯泡电路正常，此时无故障码，中央显示屏不列出文本信息加以提示。

L47 左侧后雾灯灯泡电路控制逻辑及报码逻辑与 L46 左侧后雾灯灯泡电路控制逻辑及报码逻辑相同。

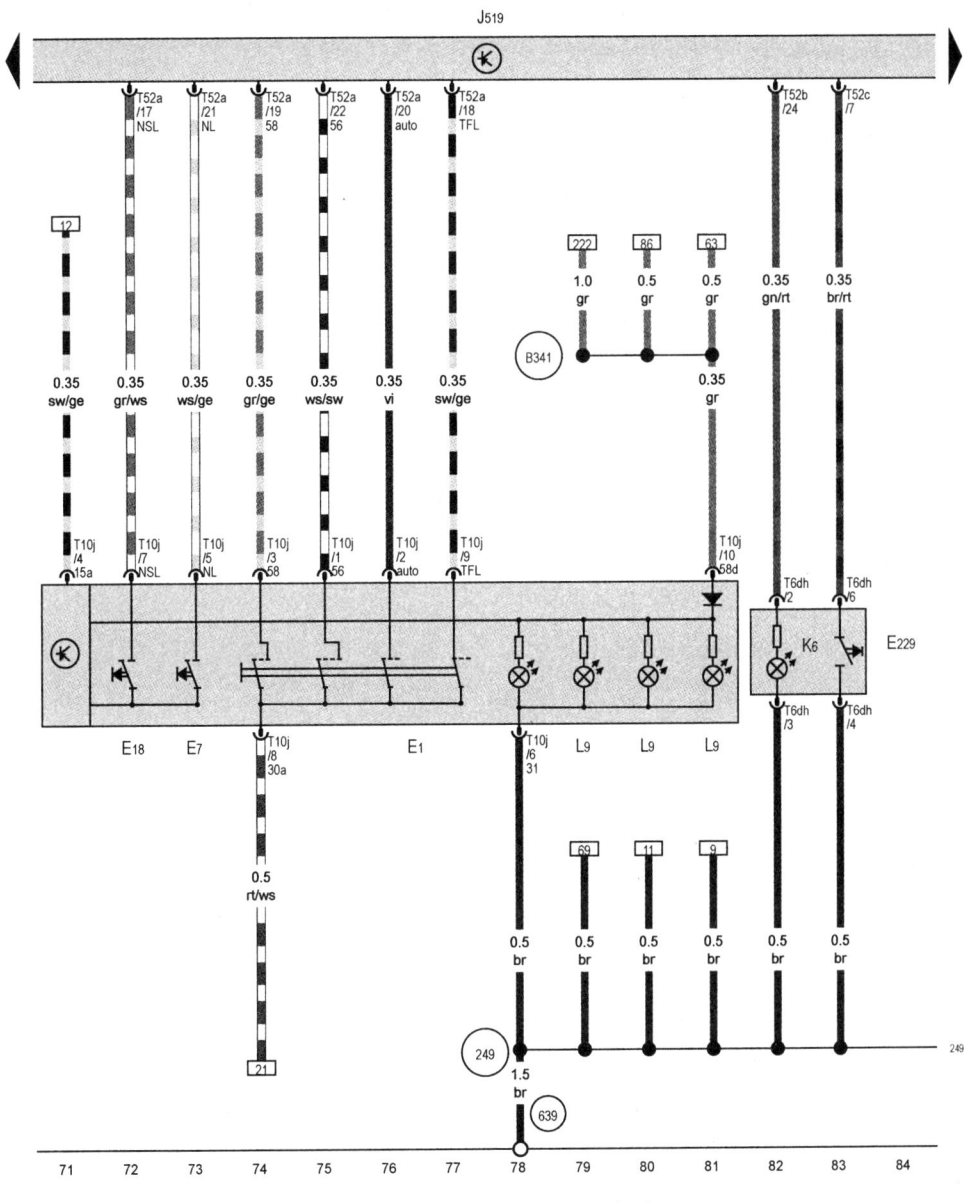

七、警报灯开关 E229

警报灯开关 E229 电路图分析

图 17 警报灯开关 E229 电路图

根据电路图可知，危险警报灯开关 E229 共有 4 根导线，2 个回路，分别是开关信号回路和开关照明电路。开关信号回路是车载电网控制单元通过 T52c/7 线束与警报灯开关 E229 的 T6dh/6 相连，经 T6dh/4 线束与搭铁点 639 连接构成回路；开关照明电路是车载电网控制单元通过 T52b/24 线束与警报灯开关 E229 的 T6dh/2

相连，经 T6dh/3 线束与搭铁点 639 连接构成回路。

在车辆行驶状态下，按下警报灯开关 E229，E229 内部开关电路接通，J519 车载电网控制单元通过内部逻辑电路分析驾驶员的意图，点亮前部、后部转向灯，同时，通过舒适 CAN 总线将点亮侧面转向灯的指令送至 J386 驾驶员侧车门控制单元和 J387 副驾驶侧车门控制单元，点亮侧部转向灯，实现警报灯警告功能。

在停车状态下，若点火开关处于打开状态，按下警报灯开关 E229，E229 内部开关电路接通，J519 车载电网控制单元通过内部逻辑电路分析驾驶员的意图，点亮前部、后部转向灯，同时，通过舒适 CAN 总线将点亮侧面转向灯的指令送至 J386 驾驶员侧车门控制单元和 J387 副驾驶侧车门控制单元，点亮侧部转向灯，实现警报灯警告功能；若点火开关处于关闭状态，按下警报灯开关 E229，E229 内部开关电路接通，J519 车载电网控制单元通过内部逻辑电路分析驾驶员的意图，根据驾驶员的意图唤醒 J519 车载电网控制单元，J519 车载电网控制单元唤醒舒适 CAN 总线，进一步唤醒舒适 CAN 总线其他连接控制单元，点亮前部、后部转向灯，同时，通过舒适 CAN 总线将点亮侧面转向灯的指令送至 J386 驾驶员侧车门控制单元和 J387 副驾驶侧车门控制单元，点亮侧部转向灯，实现警报灯警告功能。

备注：汽车 CAN 总线系统因功能不同，主要分为舒适 CAN 总线系统和驱动 CAN 总线系统（其他分类暂不介绍）。

舒适 CAN 总线系统连接的控制单元是车辆电气系统的相关控制单元，它需要在点火开关不打开的状态下也能够完成相关功能。因此，舒适 CAN 总线系统连接的控制单元可以被相关指令意图唤醒进入工作待命状态，该控制单元被唤醒后，进一步唤醒 J519 车载电网控制单元，J519 车载电网控制单元被唤醒后，唤醒舒适 CAN 总线系统。其他连接控制单元也可以被舒适 CAN 总线唤醒进入工作待命状态，待命一段时间后，若车辆未接收到进一步的操作指令，J519 车载电网控制单元会向整条舒适 CAN 总线系统发送休眠指令，整条舒适 CAN 总线系统进入休眠状态，连接的其他控制单元也进入休眠状态，从而降低耗电量，节约蓄电池的电量。有些控制单元被某些指令或意图唤醒后，除了需要通过 CAN 总线唤醒 J519 车载电网控制单元以外，还需要通过单线将电信号送至 J519 车载电网控制单元，J519 车载电网控制单元根据这个电信号和舒适 CAN 总线传输的唤醒请求进行唤醒进入待命状态。通常这样做的目的是控制单元需要通过单独的信号完成某些重要指令或意图的逻辑优先级的确认。逻辑优先级中，单独的电信号逻辑优先级更高，若该信号出现信号异常，通常会导致 CAN 总线上传输的唤醒请求无效。

驱动 CAN 总线连接的控制单元不能通过某个指令、某个意图或某个操作而被唤醒，驱动 CAN 总线连接的控制单元只能通过点火开关 15 信号唤醒，控制单元被点火开关 15 信号唤醒后，进一步唤醒驱动 CAN 总线系统。点火开关 15 信号通常有两种方式将信号送至驱动 CAN 总线连接的控制单元，一种方式是通过 J519 车载电网控制单元用单独的信号线与驱动 CAN 总线连接的控制单元连接；另一种方式是通过驱动 CAN 总线系统将点火开关信号送至驱动 CAN 总线连接的控制单元。

两种信号传输方式在逻辑优先级上，单独的信号线的逻辑优先级更高，当某一个驱动 CAN 总线连接的控制单元上单独的信号线信号出现异常时，驱动 CAN 总线内部传输的点火开关 15 信号无效。

任务实施

>>>场地准备

实训车间理实一体化教室

>>>设备准备

2017 款，1.8 升 Magotan B7L 汽车

实操任务 4.1　车灯灯光开关的操作使用

【实操车型】2017 款，1.8 升 Magotan B7L 汽车

【实操要求】实训教师带领学生分组实操，使用 Magotan B7L 实训车辆的灯光开关操作。

【实操流程】

1. 操作使用灯光开关打开小灯，观察小灯挡位都有哪些灯泡点亮及其颜色。

2. 操作使用灯光开关进行近光灯、远光灯及超车灯之间的切换，并观察仪表指示灯的变化。

3. 操作使用灯光开关打开左转向灯、右转向灯，分别闪三下和常亮，并观察仪表指示灯的变化。

4. 操作使用灯光开关打开前雾灯、后雾灯，并分别观察灯泡位置、颜色及仪表指示灯的变化。

5. 操作挡位开关，将挡位置于 R 挡，观察倒车灯位置、颜色、雷达警示装置或倒车影像等功能。

6. 操作危险警报灯开关，打开危险警报灯并观察仪表指示灯的变化。

7. 踩下制动踏板，点亮制动灯，观察制动灯亮度变化及高位制动灯位置、仪表指示灯的变化。

8. 实训教师通过驾驶车辆或播放演示视频，为学生演示车辆转向辅助灯功能。

9. 实训教师通过驾驶车辆或播放演示视频，为学生演示车辆随动转向大灯（也被称为转向头灯）功能，并区分静态随动转向大灯功能和动态随动转向大灯功能。

10. 实训教师通过驾驶车辆或播放演示视频，为学生演示车辆"伴我回家"（也称大灯延时关闭）功能。

11. 实训教师通过驾驶车辆或播放演示视频，为学生演示车辆自适应远近光功能。

12. 实训教师通过驾驶车辆或播放演示视频，为学生演示车辆自动大灯功能。

实操任务 4.2　照明系统灯光开关 E1 线束测量

【实操车型】2017 款，1.8 升 Magotan B7L 汽车

【实操要求】实训教师带领学生分组实操测量 Magotan B7L 实训车辆的灯光开

关 E1。

【实操流程】

1. 测量灯光开关 E1T10j/3 线束在灯光开关 E1 打到不同挡位时的电压。

2. 测量灯光开关 E1T10j/1 线束在灯光开关 E1 打到不同挡位时的电压。

3. 测量灯光开关 E1T10j/2 线束在灯光开关 E1 打到不同挡位时的电压。

4. 测量灯光开关 E1T10j/9 线束在灯光开关 E1 打到不同挡位时的电压。

5. 根据测量结果,验证灯光开关 E1 信号图谱。

实操任务 4.3　照明系统灯光开关 E1 故障设置

【实操车型】2017 款,1.8 升 Magotan B7L 汽车

【实操要求】实训教师设置故障点,并引导学生排除故障点。

【实操流程】

1. 故障点:供电保险 SC13 保险断路、虚接、断脚故障,引导学生观察照明系统是否进入应急模式,若进入照明系统应急模式,需记录应急模式现象,并记录测量数据,分析故障原因。

2. 故障点:E1 的 T10j/3 线束断路、虚接故障,引导学生观察照明系统是否进入应急模式,若进入照明系统应急模式,需记录应急模式现象,并记录测量数据,分析故障原因。

3. 故障点:E1 的 T10j/1 线束断路、虚接故障,引导学生观察照明系统是否进入应急模式,若进入照明系统应急模式,需记录应急模式现象,并记录测量数据,分析故障原因。

4. 故障点:E1 的 T10j/2 线束断路、虚接故障,引导学生观察照明系统是否进入应急模式,若进入照明系统应急模式,需记录应急模式现象,并记录测量数据,分析故障原因。

5. 故障点:E1 的 T10j/9 线束断路、虚接故障,引导学生观察照明系统是否进入应急模式,若进入照明系统应急模式,需记录应急模式现象,并记录测量数据,分析故障原因。

6. 故障点:E1 的 T10j/3 线束断路、虚接故障,引导学生观察照明系统是否进入应急模式,若进入照明系统应急模式,需记录应急模式现象,并记录测量数据,分析故障原因。

7. 故障点:E1 的 T10j/8 线束断路、虚接故障,引导学生观察照明系统是否进入应急模式,若进入照明系统应急模式,需记录应急模式现象,并记录测量数据,分析故障原因。

8. 故障点:灯光开关 E1 机械开关触点断路故障,引导学生观察照明系统是否进入应急模式,若进入照明系统应急模式,需记录应急模式现象,并记录测量数据,分析故障原因。

实操任务 4.4　前部照明执行器故障实训

【实操车型】2017 款，1.8 升 Magotan B7L 汽车

【实操要求】实训教师带领学生分组实操，测量 Magotan B7L 前部照明执行器故障。

【实操流程】

1. 故障点：T52c/26 线束断路、虚接故障，引导学生观察中央显示屏列出文本信息是否有提示，使用解码器读取故障码，解读报码逻辑，并记录测量数据，分析故障原因。

2. 故障点：T52a/5 线束断路、虚接故障，引导学生观察中央显示屏列出文本信息是否有提示，使用解码器读取故障码，解读报码逻辑，并记录测量数据，分析故障原因。

3. 故障点：T52a/11 线束断路、虚接故障，引导学生观察中央显示屏列出文本信息是否有提示，使用解码器读取故障码，解读报码逻辑，并记录测量数据，分析故障原因。

4. 故障点：T10q/5 线束断路、虚接故障，引导学生观察中央显示屏列出文本信息是否有提示，使用解码器读取故障码，解读报码逻辑，并记录测量数据，分析故障原因。

5. 故障点：M1 左侧停车灯灯泡损坏故障，引导学生观察中央显示屏列出文本信息是否有提示，使用解码器读取故障码，解读报码逻辑，并记录测量数据，分析故障原因。

6. 故障点：M29 左侧近光灯灯泡损坏故障，引导学生观察中央显示屏列出文本信息是否有提示，使用解码器读取故障码，解读报码逻辑，并记录测量数据，分析故障原因。

7. 故障点：M30 左侧远光灯灯泡损坏故障，引导学生观察中央显示屏列出文本信息是否有提示，使用解码器读取故障码，解读报码逻辑，并记录测量数据，分析故障原因。

8. 右侧大灯 MX2 相关执行器故障设置思路、实操步骤及排故思路与左侧相同。

实操任务 4.5　照明系统转向信号灯开关 E2 线束测量

【实操车型】2017 款，1.8 升 Magotan B7L 汽车

【实操要求】实训教师带领学生分组实操，测量 Magotan B7L 实训车辆的转向信号灯开关 E2。

【实操流程】

实训教师引导学生分别测量针脚 1 和针脚 2 在转向信号灯开关 E2 拨到不同挡位时的电压值，并绘制转向信号灯开关 E2 信号图谱。

表 2　转向信号灯开关 E2 信号图谱

转向信号灯开关 E2 信号图谱		
灯光开关挡位	针脚 1 电压	针脚 2 电压
左转向挡位		
左触碰复位转向挡位		
OFF 挡位		
右转向挡位		
右触碰复位转向挡位		
左停车灯挡位		
右停车灯挡位		

实操任务 4.6　照明系统转向信号灯开关 E2 照明执行器故障测量

【实操车型】2017 款，1.8 升 Magotan B7L 汽车

【实操要求】实训教师带领学生分组实操，测量 Magotan B7L 实训车辆的转向信号灯开关 E2 的照明执行器。

【实操流程】

1. 实训教师引导学生分别测量每个转向灯在工作时的波形，并绘制转向信号灯波形。

2. 实训教师引导学生分别测量每个转向灯在故障状态下的波形。故障可设置在转向灯连接线束或转向灯灯泡处，故障类型可设置为导线短路、虚接、断路及转向灯灯泡损坏，并与正常转向信号灯波形进行对比，观察正常波形与异常波形的区别。

备注：因转向灯灯泡供电是占空比信号，因此实训教师可设置对正短路、对地短路，确保不会因短路烧毁控制单元或电气元件。

表 3　转向信号灯波形图谱

转向信号灯波形图谱			
转向灯	正常波形	故障点及故障类型	异常波形
左前转向灯			
右前转向灯			
左侧转向灯			
右侧转向灯			
左后转向灯			
右后转向灯			

项目总结

本项目的学习重点为汽车照明系统的概念认知、元件功能的分析介绍及控制逻辑的学习和理解，需掌握照明系统控制逻辑、大众电路图的识读方法、检测设备的规范使用及相关使用注意事项。

【项目考核/项目评价/项目拓展—实训性质】

	自我评价			小组评价			教师评价		
	10—9	8—6	5—1	10—9	8—6	5—1	10—9	8—6	5—1
	占总评10%			占总评30%			占总评60%		
学习活动									
协作精神									
纪律观念									
表达能力									
工作态度									
安全意识									
总体表现									
小计									
总评									

项目五　电动车窗系统控制逻辑及故障检修

学习目标

▶知识目标

1. 了解汽车电动车窗的元件组成及功能原理
2. 掌握汽车电动车窗升降系统的控制逻辑
3. 掌握汽车电动车窗升降系统的故障检修

▶技能目标

1. 能正确使用汽车电气系统维修工具对电动车窗系统各部件及线路进行检测
2. 能正确识读主流车型电动车窗升降系统电路图
3. 能够根据故障现象对电动车窗系统进行故障诊断与排除

工作任务

任务 1　迈腾 B7 电动车窗升降系统控制逻辑与检修
任务 2　迈腾 B8 电动车窗升降系统控制逻辑与检修

任务1　迈腾 B7 电动车窗升降系统控制逻辑与检修

本次任务主要学习迈腾 B7 电动车窗升降系统控制逻辑。在学习的过程中，需了解迈腾 B7 电动车窗升降系统的电气原件组成，并结合大众迈腾 B7 电路图对迈腾 B7 电动车窗升降系统控制逻辑进行逻辑分析。

知识准备

一、迈腾 B7 控制单元认知

汽车车身控制模块（BCM）是汽车控制单元中设计功能强大的控制模块，它实现了汽车电气系统离散的控制功能，对众多用电设备进行控制。车身控制模块的功能包括：电动门窗控制、中控门锁控制、遥控防盗、灯光系统控制、电动后视镜加热控制、仪表背光调节、电源分配等。

车身控制模块（BCM）通过传感器信号或开关信号采集驾驶员的意图或车辆的行驶状态信息，同时通过控制单元分析计算这些信息后，控制执行器实现不同的电气系统功能，包括门锁、报警声控制、内部和外部照明、安全功能、雨刮器、转向指示器和电源管理等。车身控制单元是一个综合型的控制单元，即很多子控制单元拼接在一个控制单元中，如照明系统控制模块、空调系统模块、电动门锁系统模块、电动座椅系统模块、电动车窗系统模块、电动后视镜系统模块、舒适娱乐系统模块等，每个模块的控制逻辑通常都是独立的，有单独的供电和搭铁，只是被优化在一个空间内，方便拆装、维修和密封，减少了必需插件连接和电缆线束数量，提供了最大化的可靠性和经济性。

但随着汽车电子与电子技术在汽车上的应用日益增加，汽车控制单元的控制逻辑也越来越复杂，传感器也越来越多，线束也越来越多，这时，众多车身电气系统高度集中的车身控制单元的问题也就越来越多。因此，迈腾 B7 车辆系统在车身电气系统方面做出了优化，它将车身电气系统按照车辆空间位置分割了几大控制单元，以便实现更高效、更智能、更合理的车辆电气控制系统。这几大控制单元分别是：

1. 车载电网控制单元 J519：车载电网控制单元 J519 在车身电气系统中的作用相当于大管家，整车车身电气系统都直接或间接受车载电网控制单元控制；同时，整车车身电气系统的控制单元唤醒机制和休眠机制也受车载电网控制单元 J519 控制。

迈腾 B7 车辆直接受车载电网控制单元 J519 控制的电气系统有喇叭、照明系统、点火开关系统、雨刮系统、时钟、背景灯照明系统、遥控防盗系统等。

间接受车载电网控制单元 J519 控制的电气系统有：电动车窗升降系统、电动门锁系统、中央门锁系统、电动后视镜系统、电动天窗系统等。

2. 转向柱电子装置控制单元 J527：转向柱电子装置控制单元 J527 的作用是控制转向柱附近的车身电气系统，采集驾驶员的控制意图，并将这些控制意图送至不同的控制单元，完成相应的功能。

转向柱电子装置控制单元 J527 采集的驾驶员意图有：多功能方向盘控制系统、喇叭控制系统、组合灯光开关控制系统、雨刮组合开关控制系统、定速巡航开关控制系统等。

转向柱电子装置控制单元 J527 采集的传感器数据有：转向角度传感器数据信息。

转向柱电子装置控制单元 J527 控制的执行器有：点火钥匙拔出锁止电磁铁、驾驶员侧安全气囊引爆装置。

3. 驾驶员侧车门控制单元 J386：驾驶员侧车门控制单元 J386 的作用是控制驾驶员侧车门上的车身电气系统，采集驾驶员的控制意图，并将这些控制意图送至不同的控制单元，完成相应的功能。

驾驶员侧车门控制单元 J386 采集的驾驶员控制意图有：电动车窗升降控制系统、中央门锁控制系统、后备厢开关控制系统、电动后视镜控制系统。

驾驶员侧车门控制单元 J386 采集的传感器数据有：驾驶员侧车门碰撞传感器数据信息、门把手触碰传感器数据信息、雷达数据信息等。

驾驶员侧车门控制单元 J386 控制的执行器有：驾驶员侧门锁总成、后视镜调节电机、后视镜折叠电机、后视镜加热丝、侧转向灯、Safe 功能指示灯。

4. 副驾驶员侧车门控制单元 J387：副驾驶员侧车门控制单元 J387 的作用是控制副驾驶员侧车门上的车身电气系统，采集副驾驶员的控制意图，并将这些控制意图送至不同的控制单元，完成相应的功能。

副驾驶员侧车门控制单元 J387 采集的副驾驶员控制意图有：电动车窗升降控制系统。

副驾驶员侧车门控制单元 J387 采集的传感器数据有：副驾驶员侧车门碰撞传感器数据信息、门把手触碰传感器数据信息、雷达数据信息等。

副驾驶员侧车门控制单元 J387 控制的执行器有：副驾驶员侧门锁总成、后视镜调节电机、后视镜折叠电机、后视镜加热丝、侧转向灯。

5. 驾驶员侧后部车门控制单元 J926：驾驶员侧后部车门控制单元 J926 的作用是控制驾驶员侧后部车门上的车身电气系统，采集驾驶员侧后排乘客的控制意图，并将这些控制意图送至不同的控制单元，完成相应的功能。

驾驶员侧后部车门控制单元 J926 采集的驾驶员侧乘客控制意图有：电动车窗升降控制系统。

驾驶员侧后部车门控制单元 J926 采集的传感器数据有：门把手触碰传感器数据

信息。

驾驶员侧后部车门控制单元 J926 控制的执行器有：驾驶员侧后部车门门锁总成。

6. 副驾驶员侧后部车门控制单元 J927：副驾驶员侧后部车门控制单元 J927 的作用是控制副驾驶员侧后部车门上的车身电气系统，采集副驾驶员侧后排乘客的控制意图，并将这些控制意图送至不同的控制单元，完成相应的功能。

副驾驶员侧后部车门控制单元 J927 采集的副驾驶员侧乘客控制意图有：电动车窗升降控制系统。

副驾驶员侧后部车门控制单元 J927 采集的传感器数据有：门把手触碰传感器数据信息。

副驾驶员侧后部车门控制单元 J927 控制的执行器有副驾驶员侧后部车门门锁总成。

迈腾 B7 车辆的车身电气系统由以上几个控制单元共同完成车身电气系统的逻辑控制，实现了根据车辆空间分块控制车身电气系统，使得电气系统空间布局更高效、制作工艺更加优化、控制逻辑复杂程度降低、生产成本降低、维修拆装成本降低；同时这几个控制单元又需要互相通信，并由车载电网控制单元 J519 统一监测管理，因此通信协议变得更加复杂，对车辆控制单元内部之间的通信速率等要求也将变得更高。

二、迈腾 B7 电动车窗开关信号认知及控制逻辑

迈腾 B7 电动车窗升降系统的功能有：车窗升降系统、车窗一键升降系统、车窗儿童安全锁功能、防夹功能、遥控钥匙控制车窗一键升降功能。

迈腾 B7 电动车窗升降系统的组成主要包括：

驾驶员侧：E318 儿童安全锁按钮、E710 驾驶员侧前部车窗升降器按钮（在驾驶员车门中）、E712 驾驶员侧后部车窗升降器按钮（在驾驶员车门中）、E714 副驾驶员侧后部车窗升降器按钮（在驾驶员车门中）、E715 副驾驶员侧车窗升降器按钮（在驾驶员车门中）、J386 驾驶员侧车门控制单元、V147 驾驶员侧电动摇窗器电机、E308 驾驶员侧车内上锁的按钮、K133 中央门锁 Safe 功能指示灯、K174 驾驶员侧车内连锁指示灯、L76 按钮照明灯泡、L164 驾驶员车门操纵台照明灯泡。

副驾驶员侧：E716 副驾驶员侧前部车窗升降器按钮、J387 副驾驶员侧车门控制单元、L165 副驾驶员侧车门操纵台照明灯泡、V148 副驾驶员侧电动摇窗器电机、W36 副驾驶员侧车门警告灯。

驾驶员后部乘客侧：E52 驾驶员侧后部车窗升降器按钮、J926 驾驶员侧后部车门控制单元、L205 左后车门背景照明灯、V471 驾驶员侧后部车窗升降器马达。

副驾驶员后部乘客侧：E713 副驾驶员侧后部车窗升降器按钮、J927 副驾驶员侧后部车门控制单元、L206 右后车门背景照明灯、V472 副驾驶员侧后部车窗升降

项目五　电动车窗系统控制逻辑及故障检修

器马达。

驾驶员侧电动车窗开关信号认知

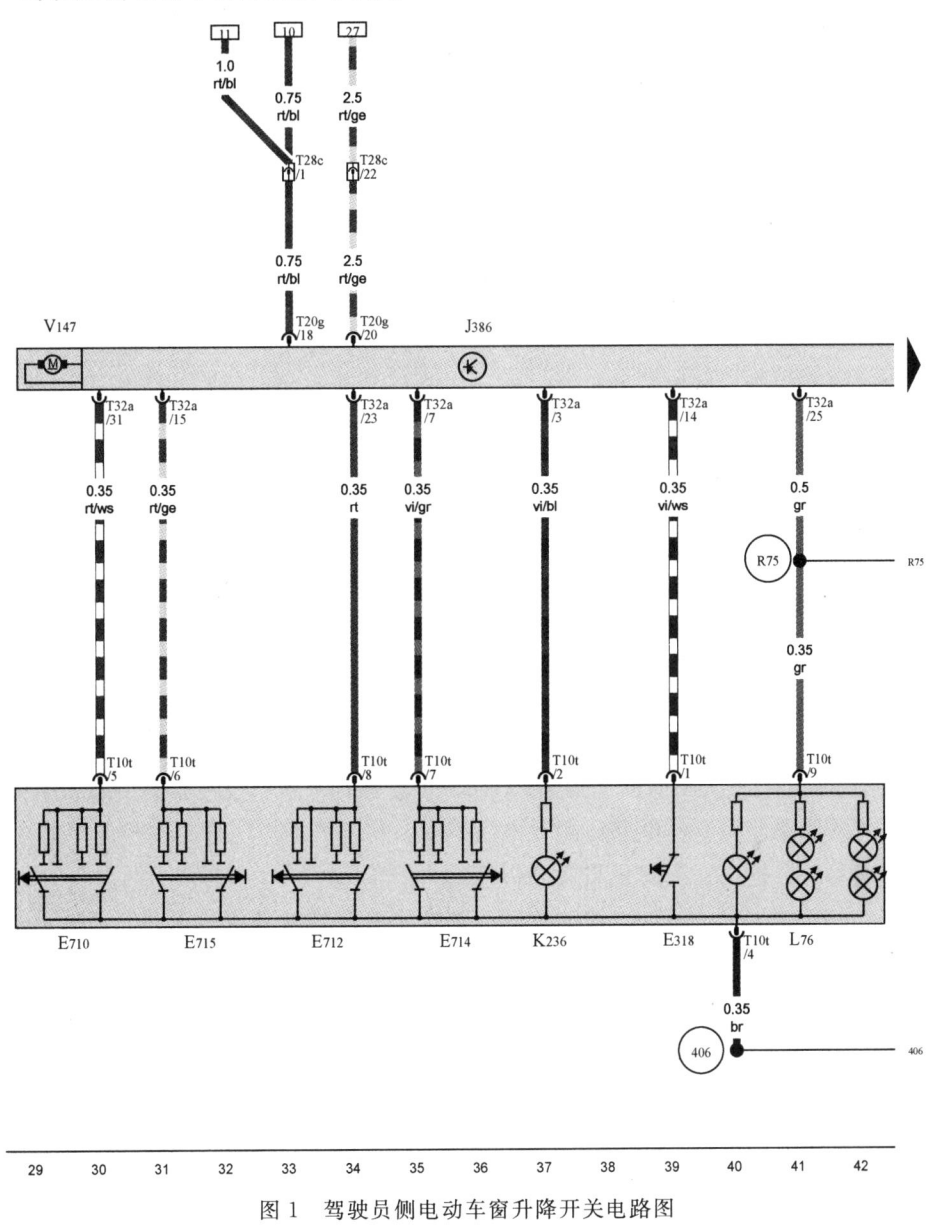

图 1　驾驶员侧电动车窗升降开关电路图

电路图分析：现在汽车上用的电动车窗升降开关有两种，一种是3个挡位的，挡位分别有升起、降落及OFF挡位；另一种是5个挡位的，挡位分别是一键升起、升起、OFF挡位、降落及一键降落。

电动车窗升降开关根据其独特的机械开关复位设置，使电动车窗升降开关正常位置为OFF挡位，其他挡位均需操作触碰才能使用，当松开开关停止操作后，车窗升降开关会自动复位至OFF挡位。因此，最早的电动车窗升降开关只有3个挡位。

随着汽车电气技术的不断发展，汽车电气系统舒适性、智能化、人性化的不断提高，逐渐加入了一键升降电动车窗功能和智能防夹功能，使得电动车窗开关增加至 5 个挡位，功能上可以使车窗一键升起到最顶部或降落到最底部，并在升起过程中，若遇障碍物，车窗会快速由升起状态转变为下降状态，实现智能防夹，从而操作更加简单便捷，行驶安全性也得到了较大的提高。

随着汽车电气系统的不断成熟和优化，电动车窗升降系统顶部极限位置虽未发生改变，仍然是车门顶部极限位置，但现有很多车型设计了无边框车门，从而使得车窗升降系统除了正常在操作车窗升降开关时会使用以外，在打开车门或关闭车门时也会在汽车控制单元的自动控制逻辑设定内实现自动升降一定范围，使得无边框车门在开启时能脱离密封条的束缚正常打开及关闭时能与密封条良好的密封。

为了提高汽车行驶时的安全性，防止驾驶员及乘客将胳膊探出车窗外部导致意外伤害，现在大部分车辆将车窗下降的极限位置做出了改变，即电动车窗在降落时，一般只能降落在距离车窗下部 5 cm 处，当驾驶员或乘客因无意识的举动或习惯将胳膊的某些部位探出车窗外时，会因车窗下部的阻碍而保护驾驶员或乘客的这种无意识行为。

根据电路图，E710 驾驶员侧前部车窗升降器按钮控制驾驶员侧前部车窗，开关内部共有 4 个复位触点位置及 1 个自由位置，4 个复位触点分别与不同电阻的 4 个电路连接，自由位置为 OFF 位置。其逻辑判定信号线为 J386 驾驶员侧车门控制单元的 T32a/31 线束，在 J386 驾驶员侧车门控制单元内部设定上拉电阻逻辑判定电路，通过 E710 驾驶员侧前部车窗升降器按钮处于不同的挡位与搭铁点连接构成回路，不同的回路使得逻辑电路监测点电压不同，将不同的电压标定在控制单元内部，最后实现驾驶员控制意图的采集及分析标定。

(1) OFF 挡位：当 E710 驾驶员侧前部车窗升降器按钮无驾驶员操作时，处于自由位置，即 OFF 挡位，J386 驾驶员侧车门控制单元内部上拉电阻逻辑判定电路与 E710 驾驶员侧前部车窗升降器按钮开关电路是断开状态，内部上拉电阻逻辑电路监测电压为 5 V，根据 J386 驾驶员侧车门控制单元内部 E710 驾驶员侧前部车窗升降器按钮开关信号图谱，J386 驾驶员侧车门控制单元分析得出驾驶员的意图为未操作驾驶员侧前部车窗升降按钮，V147 驾驶员侧电动摇窗器电机不工作。

(2) 一键升起挡位：当驾驶员操作 E710 驾驶员侧前部车窗升降器按钮至上方第二个挡位时，E710 驾驶员侧前部车窗升降器按钮内部开关接通最左侧电路，触发一键升起控制逻辑，J386 驾驶员侧车门控制单元内部上拉电阻逻辑判定电路与 E710 驾驶员侧前部车窗升降器按钮开关最左侧电路是接通状态，内部上拉电阻逻辑电路监测电压为 0～5 V 中的某一电压（需指导教师引导学生测量），根据 J386 驾驶员侧车门控制单元内部 E710 驾驶员侧前部车窗升降器按钮开关信号图谱，J386 驾驶员侧车门控制单元分析得出驾驶员的意图为操作驾驶员侧前部车窗升降按钮一键升起，J386 驾驶员侧车门控制单元向 V147 驾驶员侧电动摇窗器电机供电，实现车窗一键升起功能，此时，即使驾驶员松开 E710 驾驶员侧前部车窗升降器按钮，E710 驾驶员侧前部车窗升降器按钮自动复位至 OFF 挡位，但车窗依然继续升起，直至达到车窗上升极限位置。

当车窗升起到上部极限位置时，因空间布局原因，导致车窗无法继续上升，阻力变大，J386 驾驶员侧车门控制单元向 V147 驾驶员侧电动摇窗器电机提供更大的电流以克服阻力，但供电电流会因阻力的变化具有规律性而呈现出规律性，当因受到阻力导致的供电电流变化幅度与 J386 驾驶员侧车门控制单元标定好的电流变化图谱一致时，J386 驾驶员侧车门控制单元停止向 V147 驾驶员侧电动摇窗器电机供电，车窗上升到达极限位置，完成车窗一键升起功能。

若在一键升起过程中，因其他原因导致车窗上升阻力变化的，J386 驾驶员侧车门控制单元向 V147 驾驶员侧电动摇窗器电机提供更大的电流以克服阻力，但供电电流会因阻力的变化不具备规律性而呈现出无规律性，当因受到阻力导致的供电电流变化幅度与 J386 驾驶员侧车门控制单元标定好的电流变化图谱不一致时，J386 驾驶员侧车门控制单元向 V147 驾驶员侧电动摇窗器电机提供反向供电实现车窗迅速下降，完成车窗智能防夹功能。

若某些车型为无边框车门，车窗上升极限位置通常会由一些位置传感器进行标定，当车窗升起到指定极限位置时，会切断执行器的供电，车窗到达极限位置。

（3）车窗升起挡位：当驾驶员操作 E710 驾驶员侧前部车窗升降器按钮至上方第一个挡位时，E710 驾驶员侧前部车窗升降器按钮内部开关接通左侧第二条电路，触发车窗升起控制逻辑，J386 驾驶员侧车门控制单元内部上拉电阻逻辑判定电路与 E710 驾驶员侧前部车窗升降器按钮开关左侧第二条电路是接通状态，内部上拉电阻逻辑电路监测电压为 0 V，根据 J386 驾驶员侧车门控制单元内部 E710 驾驶员侧前部车窗升降器按钮开关信号图谱，J386 驾驶员侧车门控制单元分析得出驾驶员的意图为操作驾驶员侧前部车窗升降按钮升起，J386 驾驶员侧车门控制单元向 V147 驾驶员侧电动摇窗器电机供电，实现车窗升起功能，此时，若驾驶员松开 E710 驾驶员侧前部车窗升降器按钮，E710 驾驶员侧前部车窗升降器按钮会自动复位至 OFF 挡位，车窗停止升起，停在当前位置。

当车窗升起到上部极限位置时，因空间布局原因，导致车窗无法继续上升，阻力变大，若此时，驾驶员仍未松开 E710 驾驶员侧前部车窗升降器按钮，此时 J386 驾驶员侧车门控制单元向 V147 驾驶员侧电动摇窗器电机提供更大的电流以克服阻力，但供电电流会因阻力的变化具有规律性而呈现出规律性，当因受到阻力导致的供电电流变化幅度与 J386 驾驶员侧车门控制单元标定好的电流变化图谱一致时，J386 驾驶员侧车门控制单元停止向 V147 驾驶员侧电动摇窗器电机供电，车窗上升到达极限位置，完成车窗升起功能。

若在升起过程中，因其他原因导致车窗上升阻力变化时，J386 驾驶员侧车门控制单元向 V147 驾驶员侧电动摇窗器电机提供更大的电流以克服阻力，但供电电流会因阻力的变化不具备规律性而呈现出无规律性,当因受到阻力导致的供电电流变化幅度与J386驾驶员侧车门控制单元标定好的电流变化图谱不一致时,J386驾驶员侧车门控制单元向V147驾驶员侧电动摇窗器电机提供反向供电实现车窗迅速下降,完成车窗智能防夹功能。

某些车型为无边框车门时,车窗上升极限位置通常会由一些位置传感器进行标定,当车窗升起到指定极限位置时,会切断执行器的供电,车窗到达极限位置。

(4) 一键降落挡位:当驾驶员操作E710驾驶员侧前部车窗升降器按钮至下方第二个挡位时,E710驾驶员侧前部车窗升降器按钮内部开关接通最右侧电路,触发一键降落控制逻辑,J386驾驶员侧车门控制单元内部上拉电阻逻辑判定电路与E710驾驶员侧前部车窗升降器按钮开关最右侧电路是接通状态,内部上拉电阻逻辑电路监测电压为0~5 V中的某一电压(需指导教师引导学生测量),根据J386驾驶员侧车门控制单元内部E710驾驶员侧前部车窗升降器按钮开关信号图谱,J386驾驶员侧车门控制单元分析得出驾驶员的意图为操作驾驶员侧前部车窗升降按钮一键降落,J386驾驶员侧车门控制单元向V147驾驶员侧电动摇窗器电机提供反向电流,实现车窗一键降落功能,此时,即使驾驶员松开E710驾驶员侧前部车窗升降器按钮,E710驾驶员侧前部车窗升降器按钮自动复位至OFF挡位,但车窗依然继续降落,直至达到车窗降落极限位置。

当车窗降落到下部极限位置时,因空间布局原因,导致车窗无法继续下降,阻力变大,J386驾驶员侧车门控制单元向V147驾驶员侧电动摇窗器电机提供更大的电流以克服阻力,但供电电流会因阻力的变化具有规律性而呈现出规律性,当因受到阻力导致的供电电流变化幅度与J386驾驶员侧车门控制单元标定好的电流变化图谱一致时,J386驾驶员侧车门控制单元停止向V147驾驶员侧电动摇窗器电机供电,车窗下降到达极限位置,完成车窗一键降落功能。

(5) 车窗降落挡位:当驾驶员操作E710驾驶员侧前部车窗升降器按钮至下方第一个挡位时,E710驾驶员侧前部车窗升降器按钮内部开关接通右侧第二条电路,触发降落控制逻辑,J386驾驶员侧车门控制单元内部上拉电阻逻辑判定电路与E710驾驶员侧前部车窗升降器按钮开关右侧第二条电路是接通状态,内部上拉电阻逻辑电路监测电压为0~5 V中的某一电压(需指导教师引导学生测量),根据J386驾驶员侧车门控制单元内部E710驾驶员侧前部车窗升降器按钮开关信号图谱,J386驾驶员侧车门控制单元分析得出驾驶员的意图为操作驾驶员侧前部车窗升降按钮降落,J386驾驶员侧车门控制单元向V147驾驶员侧电动摇窗器电机提供反向电流,实现车窗降落功能,此时,若驾驶员松开E710驾驶员侧前部车窗升降器按钮,E710驾驶员侧前部车窗升降器按钮会自动复位至OFF挡位,车窗停止降落,停在当前位置。

当车窗降落到下部极限位置时,因空间布局原因,导致车窗无法继续下降,阻力变大,J386驾驶员侧车门控制单元向V147驾驶员侧电动摇窗器电机提供更大的电流以克服阻力，但供电电流会因阻力的变化具有规律性而呈现出规律性，当因受到阻力导致的供电电流变化幅度与 J386 驾驶员侧车门控制单元标定好的电流变化图谱一致时，J386 驾驶员侧车门控制单元停止向 V147 驾驶员侧电动摇窗器电机供电，车窗下降到达极限位置，完成车窗降落功能。

驾驶员侧车窗升降开关除了能控制驾驶员侧车窗以外，还能通过 E712 驾驶员侧后部车窗升降器按钮（在驾驶员车门中）、E714 副驾驶员侧后部车窗升降器按钮（在驾驶员车门中）、E715 副驾驶员侧车窗升降器按钮（在驾驶员车门中）分别控制驾驶员侧后部车窗、副驾驶员侧后部车窗、副驾驶员侧车窗，其挡位设置和控制逻辑与 E710 驾驶员侧前部车窗升降器按钮的挡位设置和控制逻辑相同，区别是当驾驶员控制这些按钮时，需通过 J386 驾驶员侧车门控制单元将驾驶员的意图或指令送至对应的控制单元，由对应的控制单元完成执行器的供电控制，最后实现驾驶员可通过驾驶员侧车窗操作开关完成对其他三个车门车窗升降的控制。

在迈腾 B7 车辆电气系统中，V147 驾驶员侧电动摇窗器电机执行器与 J386 驾驶员侧车门控制单元制作成了一个整体的电气机构总成，V147 驾驶员侧电动摇窗器电机的供电搭铁线束与 J386 驾驶员侧车门控制单元在其内部连接，无外接线束。若 V147 驾驶员侧电动摇窗器电机或 J386 驾驶员侧车门控制单元损坏，则需要更换整体电气机构总成。

其他车窗操作及功能与之相似，不再赘述。

任务 2　迈腾 B8 电动车窗升降系统控制逻辑与检修

本次任务主要学习迈腾 B8 电动车窗升降系统控制逻辑。在学习的过程中，需了解迈腾 B8 汽车电气系统的控制单元组成、电动车窗升降系统组成，并通过识读大众迈腾 B8 电路图对电动车窗升降系统控制逻辑进行解析。

知识准备

一、迈腾 B8 电气系统控制单元认知

迈腾 B8 车辆电动车窗升降系统与迈腾 B7 车辆车窗升降系统的控制逻辑、系统组成、工作原理基本相同，在控制单元功能分配上，迈腾 B8 车辆也采用了迈腾 B7 车辆的空间布置分配原则，将车辆电气系统分为几大控制单元，将一定空间内的电气设备、传感器由一个控制单元采集控制，并通过舒适 CAN 总线进行通信，配合完成电气系统的相关功能。

1. 车载电网控制单元 J519：迈腾 B8 车辆电气系统中，整车车身电气系统直接或间接受车载电网控制单元控制，这些控制单元的唤醒机制和休眠机制也受车载电网控制单元 J519 控制。

迈腾 B8 车辆直接受车载电网控制单元 J519 控制的电气系统有：制动液位不足报警系统、发动机舱盖未关报警系统、扬声器、自动空调车内外温度传感器、喇叭、照明系统、行李箱盖系统、点火开关系统、雨刮系统、背景灯照明系统、遥控防盗系统等。

间接受车载电网控制单元 J519 控制的电气系统有：电动车窗升降系统、电动门锁系统、中央门锁系统、电动后视镜系统、电动天窗系统等。

2. 转向柱电子装置控制单元 J527：转向柱电子装置控制单元 J527 的作用是控制转向柱附近的车身电气系统，采集驾驶员的控制意图，并将这些控制意图送至不同的控制单元，完成相应的功能。

转向柱电子装置控制单元 J527 采集的驾驶员意图有：多功能方向盘控制系统、喇叭控制系统、组合灯光开关控制系统、雨刮组合开关控制系统、定速巡航开关控制系统等。

转向柱电子装置控制单元 J527 控制的执行器有：驾驶员侧安全气囊引爆装置。

3. 驾驶员侧车门控制单元 J386：驾驶员侧车门控制单元 J386 的作用是控制驾驶员侧车门上的车身电气系统，采集驾驶员的控制意图，并将这些控制意图送至不同的控制单元，完成相应的功能。

驾驶员侧车门控制单元 J386 采集的驾驶员控制意图有：电动车窗升降控制系统、中央门锁控制系统、后备厢开关控制系统、电动后视镜控制系统。

驾驶员侧车门控制单元 J386 采集的传感器数据有：驾驶员侧车门碰撞传感器数据信息、门锁总成开关信息、门把手触碰传感器数据信息、雷达数据信息等。

驾驶员侧车门控制单元 J386 控制的执行器有：驾驶员侧门锁总成、后视镜调节电机、后视镜折叠电机、后视镜加热丝、侧转向灯、Safe 功能指示灯。

4. 副驾驶员侧车门控制单元 J387：副驾驶员侧车门控制单元 J387 的作用是控制副驾驶员侧车门上的车身电气系统，采集副驾驶员的控制意图，并将这些控制意图送至不同的控制单元，完成相应的功能。

副驾驶员侧车门控制单元 J387 采集的副驾驶员控制意图有：电动车窗升降控制系统。

副驾驶员侧车门控制单元 J387 采集的传感器数据有：副驾驶员侧车门碰撞传感器数据信息、门锁总成开关信息、门把手触碰传感器数据信息、雷达数据信息等。

副驾驶员侧车门控制单元 J387 控制的执行器有：副驾驶员侧门锁总成、后视镜调节电机、后视镜折叠电机、后视镜加热丝、侧转向灯。

5. 驾驶员侧后部车门控制单元 J387：驾驶员侧后部车门控制单元 J387 的作用是控制驾驶员侧后部车门上的车身电气系统，采集驾驶员侧后排乘客的控制意图，并将这些控制意图送至不同的控制单元，完成相应的功能。

驾驶员侧后部车门控制单元 J387 采集的驾驶员侧乘客控制意图有：电动车窗升降控制系统。

驾驶员侧后部车门控制单元 J387 采集的传感器数据有门锁总成开关信息、门把手触碰传感器数据信息。

驾驶员侧后部车门控制单元 J387 控制的执行器有驾驶员侧后部车门门锁总成。

6. 副驾驶员侧后部车门控制单元 J388：副驾驶员侧后部车门控制单元 J388 的作用是控制副驾驶员侧后部车门上的车身电气系统，采集副驾驶员侧后排乘客的控制意图，并将这些控制意图送至不同的控制单元，完成相应的功能。

副驾驶员侧后部车门控制单元 J388 采集的副驾驶员侧乘客控制意图有：电动车窗升降控制系统。

副驾驶员侧后部车门控制单元 J388 采集的传感器数据有：门锁总成开关信息、门把手触碰传感器数据信息。

副驾驶员侧后部车门控制单元 J388 控制的执行器有：副驾驶员侧后部车门门锁总成。

迈腾 B8 车辆的车身电气系统由以上几个控制单元共同完成车身电气系统的逻辑控制，实现了根据车辆空间分块控制车身电气系统，使得电气系统空间布局更高效、制作工艺更加优化、控制逻辑复杂程度降低、生产成本降低、维修拆装成本降低；同时这几个控制单元又需要互相通信，并由车载电网控制单元 J519 统一监测管理，因此通信协议变得更加复杂，对车辆控制单元内部之间的通信速率等要求也将变得更高。

二、迈腾 B8 电动车窗开关信号认知及控制逻辑

迈腾 B8 电动车窗升降系统的功能有：车窗升降系统、车窗一键升降系统、车

窗儿童安全锁功能、防夹功能、遥控钥匙控制车窗一键升降功能。

迈腾 B8 电动车窗升降系统的组成主要包括：

驾驶员侧：E318 儿童安全锁按钮、E512 驾驶员车门中的车窗升降器操作单元、E710 驾驶员侧前部车窗升降器按钮、E711 驾驶员侧后部车窗升降器按钮、E713 副驾驶员侧后部车窗升降器按钮、E716 副驾驶员侧前部车窗升降器按钮、J386 驾驶员侧车门控制单元、K236 儿童安全锁激活指示灯、V14 左侧车窗升降器电机。

副驾驶员侧：J387 副驾驶员侧车门控制单元、V15 右侧车窗升降器电机、E107 副驾驶员车门中的车窗升降器开关。

驾驶员侧后部乘客：E52 左后车门内的车窗升降器开关、J388 左后车门控制单元、V26 左后车窗升降器电机。

副驾驶员侧后部乘客：E54 右后车门车窗升降器开关、J389 右后车门控制单元、V27 右后车窗升降器电机。

驾驶员侧电动车窗开关信号认知

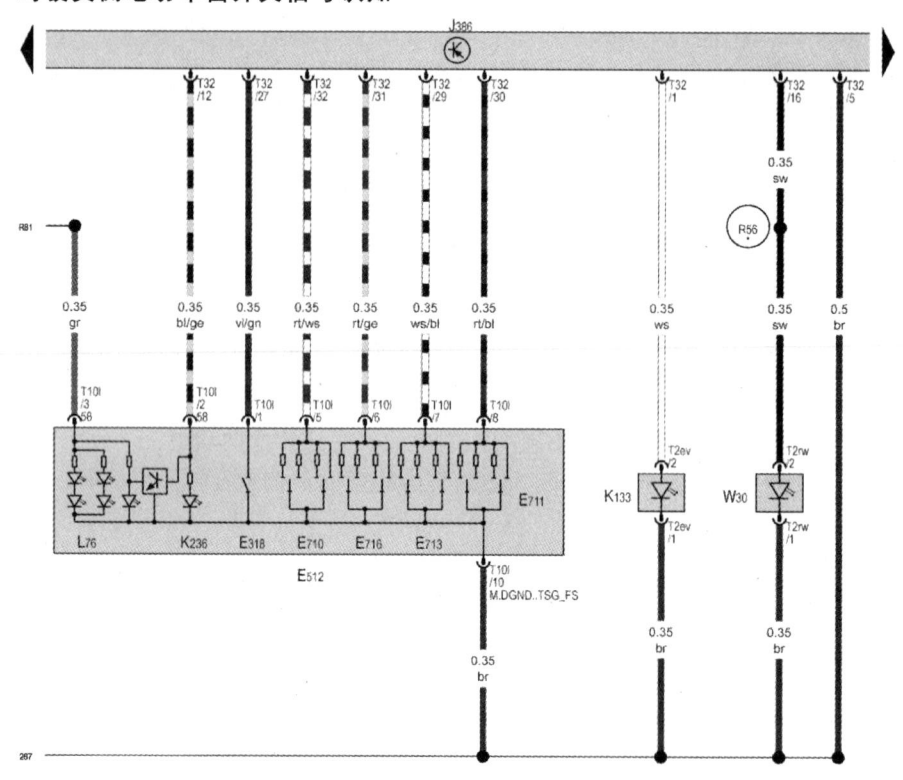

图 2　驾驶员侧电动车窗升降开关电路图

电路图分析：现在汽车上用的电动车窗升降开关共有两种，一种是 3 个挡位的，挡位分别是向上升起、向下降落及 OFF 挡位；另一种是 5 个挡位的，挡位分别是一键向上升起、向上升起、OFF 挡位、向下降落及一键向下降落。

电动车窗升降开关根据其独特的机械开关复位设置，使得电动车窗升降开关正常位置为 OFF 挡位，其他挡位均需操作触碰才能使用，当松开开关停止操作后，车窗升降开关会自动复位至 OFF 挡位。因此，最早的电动车窗升降开关只有三个挡位。随着汽车电气技术的不断发展，汽车电气系统舒适性、智能化、人性化不断提高，逐渐加入了一键升降电动车窗功能和智能防夹功能，使得电动车窗开关增加至 5 个挡位，功能上可以使车窗一键升起到最顶部或降落到最底部。在升起过程中，若有障碍物存在，车窗会快速由升起状态转变为下降状态，实现智能防夹，从而使操作更加简单便捷，行驶安全性也得到了较大的提高。

随着汽车电气系统的不断成熟和优化，电动车窗升降系统顶部极限位置虽未发生改变，仍然是车门顶部极限位置，但现有很多车型设计了无边框车门，从而使得车窗升降系统除了正常在操作车窗升降开关时会使用以外，在打开车门或关闭车门时也会在汽车控制单元的自动控制逻辑设定内实现自动升降一定范围，使得无边框车门在开启时能脱离密封条的束缚正常打开及关闭时能与密封条良好密封。

为了提高汽车行驶时的安全性，防止驾驶员及乘客将胳膊探出车窗外部导致意外伤害，现在大部分车辆将车窗下降的极限位置做出了改变，即电动车窗在降落时，一般只能降落在距离车窗下部 5 cm 处，当驾驶员或乘客因无意识的举动或习惯将胳膊的某些部位探出车窗外时，会因车窗下部的阻碍而保护驾驶员或乘客。

根据电路图，E710 驾驶员侧前部车窗升降器按钮控制驾驶员侧前部车窗，开关内部共有 4 个复位触点位置及 1 个自由位置，4 个复位触点分别与不同电阻的 4 个电路连接，自由位置为 OFF 位置。其逻辑判定信号线为 J386 驾驶员侧车门控制单元的 T32/32 线束，在 J386 驾驶员侧车门控制单元内部设定上拉电阻逻辑判定电路，通过 E710 驾驶员侧前部车窗升降器按钮处于不同的挡位与搭铁点连接构成回路，不同的回路使得逻辑电路监测点电压不同，将不同的电压标定在控制单元内部，最后实现驾驶员控制意图的采集及分析标定。

(1) OFF 挡位：当 E710 驾驶员侧前部车窗升降器按钮无驾驶员操作时，处于自由位置，即 OFF 挡位，J386 驾驶员侧车门控制单元内部上拉电阻逻辑判定电路与 E710 驾驶员侧前部车窗升降器按钮开关电路是断开状态，内部上拉电阻逻辑电路监测电压为 5 V，根据 J386 驾驶员侧车门控制单元内部 E710 驾驶员侧前部车窗升降器按钮开关信号图谱，J386 驾驶员侧车门控制单元分析得出驾驶员的意图为未操作驾驶员侧前部车窗升降按钮，V14 驾驶员侧电动摇窗器电机不工作。

(2) 一键升起挡位：当驾驶员操作 E710 驾驶员侧前部车窗升降器按钮至上方第二个挡位时，E710 驾驶员侧前部车窗升降器按钮内部开关接通最左侧电路，触发一键升起控制逻辑，J386 驾驶员侧车门控制单元内部上拉电阻逻辑判定电路与

E710驾驶员侧前部车窗升降器按钮开关最左侧电路是接通状态，内部上拉电阻逻辑电路监测电压为0~5 V中的某一电压（需指导教师引导学生测量），根据J386驾驶员侧车门控制单元内部E710驾驶员侧前部车窗升降器按钮开关信号图谱，J386驾驶员侧车门控制单元分析得出驾驶员的意图为操作驾驶员侧前部车窗升降按钮一键升起，J386驾驶员侧车门控制单元向V14驾驶员侧电动摇窗器电机供电，实现车窗一键升起功能，此时，即使驾驶员松开E710驾驶员侧前部车窗升降器按钮，E710驾驶员侧前部车窗升降器按钮自动复位至OFF挡位，但车窗依然继续升起，直至达到车窗上升极限位置。

当车窗升起到上部极限位置时，因空间布局原因，导致车窗无法继续上升，阻力变大，J386驾驶员侧车门控制单元向V14驾驶员侧电动摇窗器电机提供更大的电流以克服阻力，但供电电流会因阻力的变化具有规律性而呈现出规律性，当因受到阻力导致的供电电流变化幅度与J386驾驶员侧车门控制单元标定好的电流变化图谱一致时，J386驾驶员侧车门控制单元停止向V14驾驶员侧电动摇窗器电机供电，车窗上升到达极限位置，完成车窗一键升起功能。

若在一键升起过程中，因其他原因导致车窗上升阻力变化的，J386驾驶员侧车门控制单元向V14驾驶员侧电动摇窗器电机提供更大的电流以克服阻力，但供电电流会因阻力的变化不具备规律性而呈现出无规律性，当因受到阻力导致的供电电流变化幅度与J386驾驶员侧车门控制单元标定好的电流变化图谱不一致时，J386驾驶员侧车门控制单元向V14驾驶员侧电动摇窗器电机提供反向供电实现车窗迅速下降，完成车窗智能防夹功能。

某些车型为无边框车门，车窗上升极限位置通常会由一些位置传感器进行标定，当车窗升起到指定极限位置时，会切断执行器的供电，车窗到达极限位置。

（3）车窗升起挡位：当驾驶员操作E710驾驶员侧前部车窗升降器按钮至上方第一个挡位时，E710驾驶员侧前部车窗升降器按钮内部开关接通左侧第二条电路，触发车窗升起控制逻辑，J386驾驶员侧车门控制单元内部上拉电阻逻辑判定电路与E710驾驶员侧前部车窗升降器按钮开关左侧第二条电路是接通状态，内部上拉电阻逻辑电路监测相应电压值（需指导教师引导学生测量）时，根据J386驾驶员侧车门控制单元内部E710驾驶员侧前部车窗升降器按钮开关信号图谱，J386驾驶员侧车门控制单元分析得出驾驶员的意图为操作驾驶员侧前部车窗升降按钮升起，J386驾驶员侧车门控制单元向V14驾驶员侧电动摇窗器电机供电，实现车窗升起功能，此时，若驾驶员松开E710驾驶员侧前部车窗升降器按钮，E710驾驶员侧前部车窗升降器按钮会自动复位至OFF挡位，车窗停止升起，停在当前位置。

当车窗升起到上部极限位置时，因空间布局原因，导致车窗无法继续上升，阻力变大，若此时，驾驶员仍未松开E710驾驶员侧前部车窗升降器按钮，J386驾驶员侧车门控制单元会向V14驾驶员侧电动摇窗器电机提供更大的电流以克服阻力，但供电电流会因阻力的变化具有规律性而呈现出规律性，当因受到阻力导致的供电电流变化幅度与 J386 驾驶员侧车门控制单元标定好的电流变化图谱一致时，J386 驾驶员侧车门控制单元停止向 V14 驾驶员侧电动摇窗器电机供电，车窗上升到达极限位置，完成车窗升起功能。

若在升起过程中，因其他原因导致车窗上升阻力变化的，J386 驾驶员侧车门控制单元向 V14 驾驶员侧电动摇窗器电机提供更大的电流以克服阻力，但供电电流会因阻力的变化不具备规律性而呈现出无规律性，当因受到阻力导致的供电电流变化幅度与 J386 驾驶员侧车门控制单元标定好的电流变化图谱不一致时，J386 驾驶员侧车门控制单元向 V14 驾驶员侧电动摇窗器电机提供反向供电实现车窗迅速下降，完成车窗智能防夹功能。

某些车型为无边框车门，车窗上升极限位置通常会由一些位置传感器进行标定，当车窗升起到指定极限位置时，会切断执行器的供电，车窗到达极限位置。

（4）一键降落挡位：当驾驶员操作 E710 驾驶员侧前部车窗升降器按钮至下方第二个挡位时，E710 驾驶员侧前部车窗升降器按钮内部开关接通最右侧电路，触发一键降落控制逻辑，J386 驾驶员侧车门控制单元内部上拉电阻逻辑判定电路与 E710 驾驶员侧前部车窗升降器按钮开关最右侧电路是接通状态，内部上拉电阻逻辑电路监测到相应电压值（需指导教师引导学生测量）时，根据 J386 驾驶员侧车门控制单元内部 E710 驾驶员侧前部车窗升降器按钮开关信号图谱，J386 驾驶员侧车门控制单元分析得出驾驶员的意图为操作驾驶员侧前部车窗升降按钮一键降落，J386 驾驶员侧车门控制单元向 V14 驾驶员侧电动摇窗器电机提供反向电流，实现车窗一键降落功能，此时，即使驾驶员松开 E710 驾驶员侧前部车窗升降器按钮，E710 驾驶员侧前部车窗升降器按钮自动复位至 OFF 挡位，但车窗依然继续降落，直至到达车窗降落极限位置。

当车窗降落到下部极限位置时，因空间布局原因，导致车窗无法继续下降，阻力变大，J386 驾驶员侧车门控制单元向 V14 驾驶员侧电动摇窗器电机提供更大的电流以克服阻力，但供电电流会因阻力的变化具有规律性而呈现出规律性，当因受到阻力导致的供电电流变化幅度与 J386 驾驶员侧车门控制单元标定好的电流变化图谱一致时，J386 驾驶员侧车门控制单元停止向 V14 驾驶员侧电动摇窗器电机供电，车窗下降到达极限位置，完成车窗一键降落功能。

（5）车窗降落挡位：当驾驶员操作 E710 驾驶员侧前部车窗升降器按钮至下方第一个挡位时，E710 驾驶员侧前部车窗升降器按钮内部开关接通右侧第二条电路，触发降落控制逻辑，J386 驾驶员侧车门控制单元内部上拉电阻逻辑判定电路与 E710 驾驶员侧前部车窗升降器按钮开关右侧第二条电路是接通状态，内部上拉电阻逻辑电路监测电压为 0～5 V 中的某一电压（需指导教师引导学生测量），根据 J386 驾驶员侧车门控制单元内部 E710 驾驶员侧前部车窗升降器按钮开关信号图谱，J386 驾驶员侧车门控制单元分析得出驾驶员的意图为操作驾驶员侧前部车窗升降按钮降落，J386 驾驶员侧车门控制单元向 V14 驾驶员侧电动摇窗器电机提供反向电流，实现车窗降落功能，此时，若驾驶员松开 E710 驾驶员侧前部车窗升降器按钮，E710 驾驶员侧前部车窗升降器按钮会自动复位至 OFF 挡位，车窗停止降落，停在当前位置。

当车窗降落到下部极限位置时，因空间布局原因，导致车窗无法继续下降，阻力变大，J386 驾驶员侧车门控制单元向 V14 驾驶员侧电动摇窗器电机提供更大的电流以克服阻力，但供电电流会因阻力的变化具有规律性而呈现出规律性，当因受到阻力导致的供电电流变化幅度与 J386 驾驶员侧车门控制单元标定好的电流变化图谱一致时，J386 驾驶员侧车门控制单元停止向 V14 驾驶员侧电动摇窗器电机供电，车窗下降到达极限位置，完成车窗降落功能。

驾驶员侧车窗升降开关除了能控制驾驶员侧车窗以外，还能通过 E711 驾驶员侧后部车窗升降器按钮（在驾驶员车门中）、E713 副驾驶员侧后部车窗升降器按钮（在驾驶员车门中）、E716 副驾驶员侧车窗升降器按钮（在驾驶员车门中）分别控制驾驶员侧后部车窗、副驾驶员侧后部车窗、副驾驶员侧车窗，其挡位设置和控制逻辑与 E710 驾驶员侧前部车窗升降器按钮的挡位设置和控制逻辑相同，区别是当驾驶员控制这些按钮时，需通过 J386 驾驶员侧车门控制单元将驾驶员的意图或指令送至对应的控制单元，由对应的控制单元完成执行器的供电控制，最后实现驾驶员可通过驾驶员侧车窗操作开关完成对其他三个车门车窗升降的控制。

迈腾 B8 汽车 V147 驾驶员侧电动摇窗器电机执行器与 J386 驾驶员侧车门控制单元制作成了一个整体的电气机构总成，V147 驾驶员侧电动摇窗器电机的供电搭铁线束与 J386 驾驶员侧车门控制单元在其内部连接，无外接线束。若 V147 驾驶员侧电动摇窗器电机或 J386 驾驶员侧车门控制单元损坏，则需要更换整体电气机构总成。因此迈腾 B8 车辆电动车窗升降系统在迈腾 B7 车辆电动车窗升降系统的基础上进行了优化，重新将驾驶员侧控制单元 J386 与 V14 驾驶员侧电动摇窗器电机分开。

其他车窗操作及功能与之相似，不再赘述。

任务实施

>>>场地准备

实训车间理实一体化教室

>>>设备准备

2017 款，1.8 升 Magotan B7L 汽车

实操任务 5.1　电动车窗开关图谱绘制

【实操车型】2017 款，1.8 升 Magotan B7L 汽车

【实操要求】实训教师带领学生分组实操，使用 Magotan B7L 实训车辆的车窗升降开关，绘制每个分控开关的信号图谱。

【实操流程】

车窗升降开关信号图谱								
车窗开关挡位	E710	E711	E712	E713	E714	E715	E716
一键升起挡位							
升起挡位							
OFF 挡位							
降落挡位							
一键降落挡位							

实操任务 5.2　电动车窗开关图谱绘制

【实操车型】2017 款，1.8 升 Magotan B7L 汽车

【实操要求】实训教师带领学生分组实操，使用 Magotan B7L 实训车辆的车窗升降开关，绘制每个分控开关的信号图谱。

【实操流程】

车窗升降开关信号图谱								
车窗开关挡位	E710	E512	E107	E54	E711	E713	E716
一键升起挡位							
升起挡位							
OFF 挡位							
降落挡位							
一键降落挡位							

项目总结

本项目的学习重点为电动车窗控制逻辑的概念认知、元件功能的分析介绍及控制逻辑的学习和理解，需掌握电动车窗控制逻辑、大众电路图的识读方法、检测设备的规范使用及相关使用注意事项。

【项目考核/项目评价/项目拓展—实训性质】

	自我评价			小组评价			教师评价		
	10—9	8—6	5—1	10—9	8—6	5—1	10—9	8—6	5—1
	占总评10%			占总评30%			占总评60%		
学习活动									
协作精神									
纪律观念									
表达能力									
工作态度									
安全意识									
总体表现									
小计									
总评									

参 考 文 献

[1] 娄云. 汽车电路分析（第2版）[M]. 北京：机械工业出版社，2018.
[2] 于明进，于光明. 汽车电气设备构造与维修 [M]. 北京：高等教育出版社，2008.
[3] 扈佩令，林冶平. 汽车电气设备构造与维修 [M]. 北京：机械工业出版社，2010.
[4] 岑业泉. 汽车车身电控系统维修 [M]. 北京：机械工业出版社，2011.
[5] 张明国，游光明. 汽车电气设备与维修 [M]. 北京：机械工业出版社，2016.